ÉTUDES

SUR LA

PHILOSOPHIE DU XVIIIe SIÈCLE.

Versailles, Imprimerie de BEAU jeune, rue Satory, 28.

ÉTUDES

SUR LA

PHILOSOPHIE DU XVIIIE SIÈCLE

MONTESQUIEU

PAR

ERNEST BERSOT,

Agrégé de philosophie et Docteur ès-lettres,
Professeur au Lycée de Versailles.

PARIS

LIBRAIRIE PHILOSOPHIQUE DE LADRANGE,

41, RUE SAINT-ANDRÉ-DES-ARCS.

1852

ETUDES

SUR

LA PHILOSOPHIE DU XVIIIE SIÈCLE[1].

MONTESQUIEU.

Je commence par un aveu qui fera sourire ou arrêtera d'abord un certain nombre de lecteurs : je crois que la politique est soumise à la morale. Dans cette idée, il me semble qu'il m'est permis de juger Montesquieu lui-même, sans présomption ridicule : le simple bon sens indiquant ce qui est conforme ou contraire à la morale.

Une autre considération m'enhardit. Montesquieu, pour louer le gouvernement monarchique, a écrit : « Toutes nos histoires sont pleines de guerres civiles sans révolutions. » Il ne l'écrirait plus maintenant : il s'est trompé, et le premier venu peut le

(1) Voir nos précédentes Etudes : *Philosophie de Voltaire*, dans la *Liberté de penser*, 15 décembre 1847 ; puis en tête d'une édition de sa philosophie, où sont réunis ses meilleurs écrits sur Dieu, la liberté et la morale (1 vol. in-12, Ladrange). — *J.-J. Rousseau*, même Revue, 15 juillet 1848. — *D'Alembert*, même Revue, 15 août 1849. — *Diderot*, 1851 (in-12, Ladrange).

dire. Pour redresser certaines erreurs d'un homme de génie, il faut donc simplement vivre après lui. Le temps est le grand maître de sagesse : il fait paraître la vérité et l'erreur. Pour s'assurer qu'on juge bien, il suffit d'écouter comment il juge.

Je me propose donc ici d'étudier Montesquieu. En entrant dans ce sujet, je le limite : je ne prétends pas saisir à la fois le politique, l'historien, le littérateur, l'écrivain; je ne prends que le politique, ce qui est encore tout un monde; et dans ce monde je choisis : je ne m'attache qu'à l'idée générale de l'*Esprit des lois*, celle qui fit une impression générale aussi, quand le livre parut. Je la mets à part pour m'en pénétrer et l'apprécier ensuite, s'il est possible. Je voudrais, dans cette critique, entièrement disparaître, et qu'on n'y sentît que la morale humaine et l'esprit de notre temps.

I.

Voici d'abord quelques principes de cette morale humaine, appliqués à la politique, et, ce me semble, dans leur enchaînement naturel.

Société naturelle.

L'homme naît dans la famille. Le besoin physique, l'affection, l'habitude, conservent la famille, une fois formée. Par dessus tout, un puissant instinct, l'instinct de société, tient les hommes rapprochés de leurs semblables, parce que ce sont leurs semblables, des êtres intelligents, sensibles et libres, comme eux, te crée la grande famille humaine.

La question n'est donc pas, quand on trouve les hommes réunis, comment ils ont passé de l'état d'isolement à l'état de société; mais quand on les trouve isolés, comment ils ont passé de l'état de société à l'état d'isolement. Or, à l'exception d'accidents infiniment rares, ils sont partout et toujours réunis : la société est le fait naturel, le fait humain ; l'état sauvage est une curiosité.

Que de peines se donne J.-J. Rousseau pour rapprocher les hommes, comme s'ils étaient tombés du ciel ou sortis de terre et qu'il n'y eût point entr'eux une attraction irrésistible, et des nécessités éternelles. Vraiment, il n'y fallait point tant d'art : la nature travaille plus grossièrement et plus solidement. Mais il est besoin de beaucoup d'esprit, pour remplacer la nature. Tout simplement, l'homme est en société, parce qu'il est sociable.

Ce que la nature a commencé, la prudence le continue. Un homme est faible, associé à d'autres il est fort. Un seul est incapable de remuer une pierre, que deux remueraient ; il en appelle un second, qui, dans l'occasion, l'appellera à son tour ; et ainsi du reste. Ce mécanisme est assez simple ; il n'est pas nécessaire d'être versé dans l'économie politique pour le comprendre, et nos premiers parents pouvaient bien avoir ce génie-là.

Enfin la raison confirme la nature et la prudence. Créatures intelligentes et morales, nous devons développer, autant que possible, notre intelligence et notre moralité. Mais cela ne peut se faire ou se fait mal hors de la société. Au lieu de la science collective et héréditaire, une science qui naît et meurt dans chaque individu, toujours à recommencer. Puis, point de sympathie, de pitié, d'amitié, d'amour, d'affection entre parents et enfants, d'attachement à la patrie, à l'humanité : donc aussi plus des vertus que ces passions engendrent. L'homme doit vivre dans la société, parce que dans la société seule il peut être tout ce qu'il doit être.

La société est donc fondée sur la nature, la prudence et la raison.

Droit naturel.

Comme homme j'ai des devoirs, comme homme j'ai des droits.

J'appartiens à la raison : il ne dépend pas de moi de croire vrai ce qu'elle me dit être faux, ni faux ce qu'elle me dit être vrai. Donc aussi nul ne peut me forcer de croire ou de ne pas croire ; nul ne peut, sans injustice, me forcer d'exprimer par mes paroles ou par mes actes d'autres convictions que mes convictions. Premier droit essentiel : liberté de conscience.

Mon corps est à moi, c'est mon serviteur, auquel je commande les actes que ma raison me commande. Liberté personnelle.

Je dois conserver ma vie pour faire mon œuvre morale ici-bas ; j'ai donc le droit de la défendre contre quiconque la menace. Droit de légitime défense.

Être libre, qui m'appartiens à moi-même, je possède légitimement tout ce qui ne s'appartient pas ; je le possède d'abord au moment où je l'occupe, puis, mon travail, qui le transforme, fait durer mon occupation et consacre ma possession. Droit de propriété.

Liberté de conscience, liberté personnelle, légitime défense, propriété, voilà mes droits, droits naturels, parce que je les tiens de la nature. Je ne puis pas plus y renoncer que renoncer à être un homme.

Dans l'exercice du droit naturel, je suis sacré pour mes semblables, et eux pour moi : ainsi tout homme a le droit de faire ce que le droit correspondant des autres hommes ne lui défend pas. La société est l'égalité du droit : en y entrant, je garde l'usage de ma liberté, et renonce à l'abus.

Société civile.

Par malheur, certains hommes prétendent garder l'usage et l'abus : un plus fort asservit un plus faible ; et voilà mon bien, ma liberté, ma vie menacés. Il me faut veiller, combattre sans cesse, et n'être sûr de rien. Dans cette société où je cherchais sécurité et assistance, l'assistance est incertaine et mon droit périt. La vague société naturelle, le simple voisinage des individus, sous la loi de leur bon plaisir, ne suffit donc pas, et il faut quelque chose de mieux.

C'est la société organisée, la société civile, l'État. Puisque la violence menace la liberté, créons un pouvoir qui menace la violence ; qu'il soit fort pour les faibles, qu'il range chacun au devoir, le force de respecter le droit de tous, le contraigne par autorité de faire ce que la justice l'oblige de faire : qu'il soit le droit armé.

Droit civil.

Nous sommes maîtres de nos personnes et de nos

biens : mettons au service de l'État une portion de notre force pour composer sa force, une portion de notre fortune pour composer sa fortune. Ainsi puissant, par nous et pour nous, il défendra nos propriétés, notre vie, notre liberté physique et morale. Tout à l'heure, dans la société naturelle, nous renoncions à l'abus de notre liberté, pour sauver l'usage, sans y réussir; maintenant, dans la société civile, nous renonçons à l'usage légitime d'une portion de notre liberté, pour sauver le reste, et nous le sauvons.

Je cède une partie de mon bien par l'impôt ; de ma liberté physique, par le service militaire ; de ma liberté de conscience, en renonçant aux paroles et aux actes contraires à la morale publique ; je remets à la société, impassible, équitable, le droit de me faire justice, sauf les cas d'urgence absolue. Et si je viole ce contrat, je consens à perdre une plus grande partie de mes droits, ou même à tout perdre : fortune, liberté, et la vie. C'est le droit civil, qui n'est que le droit naturel, se limitant pour être plus fort.

A l'égalité naturelle succède l'égalité civile, qui est légitime : car les contractants sont des hommes, des êtres naturellement égaux, qui contractent d'égales obligations. L'État est constitué par tout le monde pour tout le monde.

En résumé, l'homme avec des devoirs et des droits, une société organisée où ces devoirs et ces droits s'exercent en sécurité, un pouvoir qui maintient la société : ces choses sont inséparables ; et, partout où il est, le pouvoir social, non dans ses formes, mais dans son essence, est fondé, en dernière raison, sur la justice naturelle.

Voilà le fond solide sur lequel l'État repose ; voilà le vrai contrat social. Je ne le trouve point écrit dans un certain pays et dans un certain temps par quelques hommes, qui y ont mis ce qu'il leur a plu ; il est mieux que cela : il est le contrat tacite, inexprimé, sur la foi duquel se forment et durent toutes les sociétés humaines, partout où il y a des hommes associés.

La société civile ainsi constituée, mon droit est sauvé; cela ne me suffit pas : il serait aussi bien gardé dans la caverne d'un rocher ou dans une île déserte. En me rapprochant de mes semblables, j'espérais autre chose encore, j'espérais en tirer des secours pour la vie, et je les demande toujours. Ce n'est pas moi qui puis tracer des routes, percer des montagnes, jeter des ponts, canaliser des fleuves, fonder des hôpitaux ; ce n'est pas moi qui puis créer des bibliothèques, des musées, des théâtres, des écoles, des observatoires ; ce n'est pas moi qui puis fonder un hôtel des Invalides, des places, des distinctions, de grandes récompenses nationales. Et pourtant tout cela est bon, est excellent, pour le corps, pour l'esprit et pour l'âme, multiplie le bien-être physique, provoque l'intelligence, excite la vertu. Fraternité.

Ce qu'un seul ne peut faire, tous le peuvent faire : où un seul est trop faible contre la nature extérieure, tous sont assez forts : l'industrie le prouve chaque jour. Il faut seulement qu'ils veuillent s'unir : c'est le secret de l'Etat.

Dans l'Etat, il n'y a plus des individus, en face les uns des autres, il y a un corps et des membres; il n'y a plus des opinions et des velléités particulières, il y a une pensée du corps, une volonté du corps. Cette pensée, cette volonté vont au bien, non pas de tel ou tel membre, mais de tous les membres, au bien du corps, et entretiennent la santé du tout, par laquelle chaque élément du tout est sain. Elle crée un énorme trésor de bien-être physique, intellectuel et moral, où chacun puise, quand il lui plaît. Ces routes, ces canaux amènent à tous les citoyens, à meilleur marché, les subsistances nécessaires et les agréments de la vie; veulent-ils eux-mêmes voyager, ils les portent, tantôt l'un, tantôt l'autre; et les hôpitaux fondés, non pour tel misérable, mais contre la misère, nous reçoivent tour-à-tour, moi aujourd'hui, vous demain. Les établissements d'instruction, fournissant les sciences d'où sort l'industrie, servent déjà à tout le monde, et chaque famille y envoie à quelque moment quelqu'un des siens. Les récompenses proposées au mérite servent à tous, en encourageant le mérite, qui sert à la communauté; et qui veut courageusement les obtient à son heure.

A vrai dire, la société civile est une personne morale, qui travaille à se perfectionner : c'est la personne humaine agrandie, fortifiée, pour mieux faire son devoir. Comme je dois combattre en moi un triple ennemi : la misère physique, intellectuelle et morale, elle doit combattre en elle ces mêmes ennemis. Comme je dois ne pas me reposer avant d'avoir achevé ma tâche, elle doit ne pas se reposer avant d'avoir achevé sa tâche. Comme je suis fier quand j'ai bien travaillé et que j'ai réussi, comme je suis honteux quand j'ai été lâche et inutile, elle est fière ou honteuse du bien qu'elle a voulu et qu'elle a fait, du bien qu'elle n'a pas voulu et qu'elle n'a pas fait. Je cache ma misère, si je suis misérable, mon ignorance, si je suis ignorant, mes vices, si je suis vicieux ; elle cache à elle-même et aux autres, autant qu'elle le peut, ses misères, ses ignorances et ses vices ; au contraire elle montre avec orgueil à ses amis et à ses ennemis les populations vêtues, sainement logées et sainement nourries, les asiles pour l'enfance, la maladie et la vieillesse ; le commerce et l'industrie encouragés et florissants ; les monuments d'art, les théâtres, les grandes collections, les écoles de toute sorte fréquentées ; les Invalides, les caisses d'épargne, les pénitenciers, tout ce qui relève l'homme. La société a un corps qu'elle fortifie, une intelligence qu'elle cultive, une âme qu'elle élève ; c'est son devoir, son œuvre ; et elle le sait, car si quelqu'un des citoyens l'aide puissamment dans ce travail, s'il étend son commerce, crée ou perfectionne une branche d'industrie, supprime quelque misère ancienne, et procure quelque bien-être nouveau ; si, savant ou artiste, il illustre l'esprit de la nation ; si, par des vertus éclatantes, il rehausse la moralité de la nation, la nation reconnaissante le comble d'honneurs et de gloire, le propose à l'admiration, à l'imitation des citoyens, et après sa mort, le récompense encore dans ses arrière-neveux.

La société civile est donc une vaste assurance mutuelle, une puissante association contre le mal. L'âme de cette association est la fraternité, quand les hommes, considérant la masse des misères humaines, et la menace toujours suspendue sur toutes les têtes, se sentant unis par la communauté du sort, conspirent ensemble contre le mal, et consentent à souffrir chacun un peu, pour que nul ne souffre beaucoup. La fraternité n'est point la charité. La charité est le don d'un à un, d'étranger à étranger, la fraternité le don de tous à tous, de membre à membre d'un corps ; la charité le don capricieux, la fraternité le don organisé ; la charité le don gratuit, la fraternité le don reversible au donateur. La fraternité étend, assure le bienfait de la charité : elle encourage, par l'espoir du retour, celui qui donne et relève celui qui reçoit.

Bien entendu que, même sous le régime de la fraternité, la charité a, grâce à Dieu, sa place. L'État est à tout le monde, mais il est froid, et il attend qu'on l'appelle ; la charité, moins vaste, moins égale, plus passionnée, plus complaisante pour la personne, recherche la souffrance secrète et insiste. L'État est le médecin savant et rude qui prescrit ; la charité le tendre ami qui soigne et console. Deux excellentes choses qu'il ne faut point opposer, qu'il ne faut point détruire l'une par l'autre, qu'il faut concilier pour notre bonheur et notre honneur : l'action régulière de la fraternité sociale, et les touchantes fantaisies de la charité.

Limites du pouvoir de l'État.

Voilà notre État, sa fonction, voici les limites de son pouvoir. Il ne peut rien contre la justice naturelle, contre le droit et le devoir naturel. S'il touche aux droits fondamentaux par lesquels et pour lesquels il existe, il s'ébranle et se détruit lui-même. Il est donc injuste s'il supprime la liberté de conscience, la liberté personnelle, la propriété; s'il prétend imposer aux citoyens une croyance, les réduire en esclavage et seul posséder tous les biens. Chaque homme sent en lui-même la nature humaine, et ces droits inhérents qu'on ne peut pas lui prendre, qu'il ne peut pas donner,

Tous les citoyens, avons-nous dit, sont égaux : l'égalité devant la loi et le droit de suffrage sont les principes du droit civil. Mais les citoyens qui sentent en eux la nature et les droits de l'homme, ne sentent pas tous si bien en eux cette nature du citoyen, et les droits qu'elle confère : ils laissent dormir ces droits, par ignorance ou indifférence, et alors l'État qui ne les leur reconnaît pas n'est point certainement aussi coupable que s'il ne reconnaissait pas un droit naturel; mais quand les citoyens prennent conscience de leur droit et le réclament, il n'est plus permis de le retenir, et l'État qui en frustre un citoyen irréprochable est injuste.

La limite du pouvoir social est donc la justice naturelle : il doit respecter dans chacun de nous ce qu'il n'a pas fait, et qui l'a fait lui-même, à savoir : l'homme et le citoyen.

Il ne peut violer cette loi sous aucun prétexte, même sous le beau prétexte de la fraternité. Sous prétexte de faire mon bonheur, il ne peut me dépouiller d'un droit primitif. Il ne peut, non plus, me décharger d'un devoir. Or j'ai sans doute le devoir de me soutenir par mon activité, moi et les miens, et de ne me reposer de cette obligation sur personne. Une société qui me dispenserait de pourvoir aux besoins de ma famille et à mes propres besoins, serait donc mauvaise. Qu'elle m'aide à marcher, à me relever quand je tombe, c'est fort bien ; mais qu'elle n'essaie pas de me porter, quand j'ai des pieds pour me porter moi-même. Aide-toi, le Ciel t'aidera, dit le proverbe; et la justice dit : Aide-toi, la société t'aidera.

D'où cette conséquence. J'ai le droit absolu à la justice; je n'ai pas le droit absolu au bien-être. Je n'ai ici de droit que ce que la justice naturelle me permet et que la volonté nationale me donne. En entrant dans la société, j'exige qu'elle respecte ma liberté, j'espère, par surcroît, qu'elle me procurera la plus grande somme possible de bien-être physique, intellectuel et moral ; je l'espère, mais je ne saurais exiger que cela soit. Il ne suffit pas à l'État de désirer, il faut qu'il puisse; et il ne peut que par les contributions des citoyens, par les sacrifices qu'ils s'imposent : il n'a que ce qu'on lui donne. Or, à qui appartient-il de déterminer les sacrifices à s'imposer, et l'emploi des ressources créées par ces sacrifices ? Sans doute à la nation, c'est-à-dire à la majorité des citoyens, non pas à un individu, non pas à vous, non pas à moi. En fait de bien-être de toute sorte, l'État ne doit que ce qu'il peut, et il ne peut que ce que la majorité des citoyens veut. Par là tombent toutes les théories qui créent un droit individuel au bonheur contre le droit de tous, et celles qui créent un prétendu bonheur universel, en dépouillant chacun de sa propriété et de sa liberté, ou ne lui laissant qu'une propriété et une liberté exténuées.

Moralité de la société.

La société absolument immorale est celle qui supprime le droit et le devoir et crée le mal : affaiblissant les corps, éteignant les esprits et corrompant les âmes. La société absolument morale est celle qui assure le droit, protége le devoir, et détruit le mal : misère, ignorance et vice. Les sociétés existantes sont plus ou moins morales ou plus ou moins immorales, à mesure qu'elles se rapprochent de l'une ou de l'autre de ces deux sociétés, de la barbarie ou de la civilisation.

Légitimité.

Le gouvernement illégitime par excellence est celui qui ne reposerait que sur la volonté d'un seul, détesté du reste; le gouvernement légitime par excellence, celui qui reposerait sur la volonté unanime de la nation. Les gouvernements existants sont plus ou moins légitimes, selon qu'ils se rapprochent plus ou moins de l'un ou de l'autre de ces deux gouvernements. En l'absence de l'unanimité désirable et irréalisable, il faut se contenter du nombre plus fort; dans nos sociétés divisées, le gouvernement légitime est celui qui est consenti par la majorité des citoyens. Un seul n'est pas plus que tous, et à nombre égal il y a complète incertitude; donc la majorité fait loi, la moitié plus un des suffrages suffit. Au défaut du droit divin, qui donne une nation à une famille, il n'y a, en définitive, qu'une souveraineté, celle de la nation sur elle-même, se donnant le gouvernement qui lui convient. Et personne n'est hors la nation que les mineurs, chez qui la raison n'est pas encore présumée, les idiots et les fous, qui l'ont perdue, et les criminels, qui se sont, par leur crime, retranchés eux-mêmes de la cité. Dès qu'un homme est membre réel de la société, dès qu'il est sous sa discipline, dès qu'il en accepte les charges, dès qu'il contribue de quelque façon, de son bien ou de sa personne, au maintien de la communauté, il compte, il a sa voix, pour créer le gouvernement de tous.

Démocratie. Parmi les gouvernements légitimes, le meilleur est celui qui conserve le mieux au gouvernement sa légitimité et à la société sa fonction morale : la démocratie. Dans la démocratie, la nation est souveraine et tous les citoyens sont égaux.

D'abord la légitimité y est le mieux conservée, car la nation parle, fait entendre ce qu'elle veut. Puis la fonction morale de la société : car l'individu, sentant sa dignité de souverain, se respecte plus volontiers; toutes les places étant accessibles au mérite, indépendamment de la naissance, de la fortune, des avantages accidentels, le mérite est partout suscité; et une société d'égaux est évidemment plus prête pour la fraternité.

La forme rigoureuse de la démocratie est la république. Partout ailleurs, elle est en péril. Dans la monarchie, le prince peut se créer un intérêt à part de l'intérêt géneral, s'obstiner contre la volonté de la nation, et tenter d'être le maître; les citoyens, de leur côté, considérant la faveur du prince comme un mérite qui dispense de l'autre, du vrai, à l'émulation de la vertu, à l'amour de la patrie succèdent l'émulation de complaisance pour un homme, l'attachement à sa personne. République.

Absolument parlant, devant la raison, le meilleur gouvernement est la république. Mais, quelle que soit son excellence, il peut, comme tout autre, être illégitime, quand il n'est pas consenti par la majorité. Le fond de la société est le droit, droit de l'homme et du citoyen; personne, individu ou majorité, ne peut y toucher sans crime; un gouvernement n'est qu'une forme d'administration, pour préserver et mettre en vigueur ce droit. Il y a des formes meilleures pour cet objet les unes que les autres, et la prudence conseille de choisir la meilleure; mais, en définitive, il n'est commandé à une nation que d'être juste, et, cela sauf, elle a le droit d'être imprudente.

La république est le gouvernement des hommes, alors qu'émancipés, ils se conduisent eux-mêmes; elle est le gouvernement de la raison, alors que les citoyens, incrédules aux préjugés et aux fantômes, ne croient plus qu'au droit. Les autres gouvernements nous paraissent donc bons à mesure qu'ils se rapprochent de celui-là ; et tous, c'est notre conviction, y tendent et y arriveront un jour. Les gouvernements se perdent dans la république, « comme les fleuves dans la mer. » Absolument parlant, nous le répétons, il n'y a de bon gouvernement que le républicain ; mais relativement parlant, c'est autre chose. Un gouvernement est un corps que se fait l'âme d'un peuple; elle le fait selon ce qu'elle est : conforme à ses idées et à ses sentiments, ni plus ni moins parfait qu'elle-même, et à mesure qu'elle change, elle le change. Je comprends cela, et, quoique j'estime par dessus tout l'esprit humain et la forme humaine, j'estime aussi la proportion entre les deux, ne souhaitant ni à l'âme de l'homme le corps de la bête où elle soit gênée, ni à l'âme de la bête, le corps de l'homme où elle soit dépaysée; et, en attendant mieux, je tiens pour le meilleur gouvernement d'un peuple, à une époque donnée, celui qui est le mieux proportionné à ce peuple.

La loi. La société, comme tout ce qui existe, se gouverne par des lois. L'univers a sa loi, qui fait que chaque élément est à sa place, et que l'ensemble va en concert; et ainsi de chaque partie de l'univers à l'infini. Les êtres inanimés ont leur loi, dont le monde céleste est la merveille; la vie a sa loi, dont le corps humain est le chef-d'œuvre ; l'âme a sa loi, la justice.

La loi est la force supérieure qui domine toute force

)articulière et la maintient en son lieu, pour le bien lu tout. Elle est ce qui est propre à chaque être ıt le conserve, l'ordre, la convenance, l'harmonie, la ıeauté, le bien. Ce qui sépare le monde du chaos, ;'est la loi.

La société civile a sa loi, qui est, comme toujours, ıne force suprême, réglant les forces particulières ın vue du bien commun.

L'organe de la loi est la volonté générale, et son ıbjet, la justice : c'est « la raison (1) humaine en ant qu'elle gouverne tous les peuples de la terre. » ii nous étions des natures parfaites, nous verrions lairement la parfaite justice, et il n'y aurait pour es sociétés qu'une loi éternelle; mais comme les ıommes sont des hommes, ils ne voient qu'imparaitement la vérité, et leurs lois ne sont que des ıxpressions approchées de la justice, selon les temps. .a loi excellente est celle qui est le plus conforme ı la raison d'un peuple, quand la raison de ce peuple ıst le plus conforme à la justice; et, au défaut de ette excellence, la meilleure loi est celle qui reçoit le ılus possible de justice, dans la mesure de l'esprit du emps; la meilleure législation, celle qui suit le mieux es progrès de la raison publique.

Citoyen, je dois donc respecter la loi : elle est l'orlre, sans lequel il n'y a plus de société, partant plus de iberté. Elle n'est pas mon ennemie : elle me gêne ans doute, mais pour m'affranchir. Je ne dois donc

(1) Esprit des Lois, liv. I, ch. 3.

pas y voir obstinément le bien absent, mais le bien présent, y respecter la justice, dans son expression humaine, l'effort vers le mieux ; souffrant l'opinion, même, à mon sens, aveugle, en me réservant de l'éclairer, pour l'imposer à mon tour aux autres, quand elle sera de mon parti.

En haut, respect de la justice et de l'opinion ; en bas, respect de la loi, et courage pour transformer l'opinion même : voilà le véritable esprit civique, qui est la santé des États.

Reconnaissons bien les conditions de la loi. Elle ne peut être :

1° Immorale , c'est-à dire anti-sociale et anti-humaine.

2° Inique. Elle est pour tous, et ne saurait être pour les uns contre les autres.

3° Arbitraire. Elle est la volonté de tous sur chacun : en lui obéissant, chacun obéit à tout le monde, et par là s'honore lui-même. Elle ne peut donc livrer des citoyens à la fantaisie d'autres citoyens ; sinon, elle déshonore l'obéissance et se trahit elle-même : car la loi est justement faite pour détruire l'arbitraire.

4° Inopportune : contre l'opinion du moment.

5° Immobile, quand l'opinion se meut.

Manque-t-elle à quelqu'une de ces conditions ou à toutes ces conditions réunies, alors surviennent les révolutions, qui sont une revanche de l'esprit public.

Une fois la loi faite selon ces règles, il faut qu'elle enchaîne tout le monde, gouvernés et gouvernants, gouvernants d'abord, qui, en la violant, donnent un exemple fatal. Car enfin, il est bon que cette vertu exquise, le respect de la loi, ne soit pas une vertu de niais.

La patrie est d'abord le sol commun dont nous possédons et travaillons une part : notre bien. Elle est aussi le droit que nous avons de nous gouverner nous-mêmes, d'être nos maîtres, à l'exclusion de l'étranger : notre indépendance. La patrie.

Elle est mieux que cela : une famille où nous trouvons des frères et une mère à aimer et à servir. Entre les hommes d'un même pays, il y a une certaine conformité d'idées, de sentiments, de langage, conformité peu sensible, par l'habitude bien sensible dès que nous émigrons ; il y a comme une âme commune partagée entre frères. Cette âme, nous ne nous la sommes pas donnée à nous-mêmes : nous la tenons de la patrie : c'est là que nous avons reçu l'être ; c'est elle qui a veillé sur notre vie, notre bien, notre liberté, notre esprit, notre cœur, comme la providence d'une mère. Et nous la regardons comme une mère en effet : nous sommes heureux de son bonheur, malheureux de son malheur, glorieux de sa gloire, humiliés de ses humiliations ; nous l'aimons, nous nous dévouons, nous mourons pour elle.

II.

Il reste à appliquer ces principes à l'étude de Montesquieu.

Gouvernement idéal de Montesquieu.

Reconnaissons tout de suite la classe de politiques à laquelle il appartient.

Pour certains politiques tout gouvernement est bon là où il est, du moment qu'il est : il ne s'agit que de le faire durer; et ils ont des secrets pour cela. Ils pénètrent le principe d'un gouvernement, et selon ce principe connu, ils lui prescrivent ce qu'il doit faire, ce dont il doit s'abstenir, pour se conserver : un régime. Pour être un parfait politique de cette espèce, il faut être souverainement indifférent aux formes sociales, ne jamais les comparer, pour préférer celle-ci à celle-là, ne pas soupçonner même qu'on puisse préférer l'une à l'autre. On sera républicain aux États-Unis, ami du despotisme en Russie : là, on enseignera à tous comment on se garde d'un maître; ici on enseignera à un seul comment on reste maître une fois qu'on l'est devenu.

Montesquieu était, s'il le voulait, ce politique. L'a-t-il voulu ? Il est admirable dans l'art de démonter et de remonter une machine : il connaît le lieu et l'usage de tous les ressorts, la maîtresse-pièce et les pièces secondaires; il perfectionne ce qui va bien et corrige ce qui va mal. Il a une force de pénétration logique que rien n'étonne; il n'y a que lui pour se reconnaître ainsi aisément dans ce monde si compliqué, apparemment si confus, des législations. L'écueil d'un tel esprit, qui comprend tout et explique tout, est de justifier tout, ou plutôt d'oublier qu'il faut justifier certaines choses, indifférent au bien et au mal, sans amour ni haine pour nul gouvernement, despotisme ou république ; mettant tour à tour à nu le principe de chacun et en développant les conséquences, à la manière d'une puissance qui joue. Voilà l'écueil, et il semble que Montesquieu y ait donné. Passionnés, comme nous sommes, abandonnés aux partis, jetés dans le combat, acteurs, non plus spectateurs, nous ne connaissons pas le parti contraire, nous le souffrons; et si quelque esprit curieux, plus maître de lui-même, observe, pour en rendre compte, les mouvements des deux parts, s'il s'élève au-dessus de la mêlée, pour l'embrasser, c'est un neutre.

Montesquieu ne manque pas de nous sembler un neutre : d'ailleurs il l'avoue. « Je n'écris (1) point pour censurer ce qui est établi dans quelque pays que ce soit. Chaque nation trouvera ici la raison de ses maximes. » « Si dans le nombre infini de choses qui sont dans ce livre, il y en avoit quelqu'une qui, contre mon attente, pût offenser, il n'y en a pas du moins qui ait été mise avec mauvaise intention. Je n'ai point naturellement l'esprit désapprobateur. » Et ceci : « Le gouvernement (2) le plus conforme à la nature est celui dont la disposition particulière se rapporte mieux à la disposition du peuple pour lequel il est établi. » Après qu'il a décrit la constitution anglaise, favorable à la liberté, il ajoute aussitôt : « Je ne prétends point (3) par là ravaler les autres gouvernements. » Voilà une préface bien rassurante, pour ceux qui croient aux préfaces. Par malheur on se

(1) Esprit des Lois, *Préface*. — (2) *Ibid.*, liv. I, ch. 3. — (3) *Ibid.*, liv. XI, ch. 6.

souvient de Descartes, dédiant ses *Méditations* à la Sorbonne, qui en est morte, et faisant semblant de ne pas croire au mouvement de la terre, dans le moment même où il le démontre. Leibnitz appelait cela « les ruses philosophiques de M. Descartes. » Avec de la bonne volonté, ne trouverait-on pas aussi dans l'*Esprit des lois* quelque ruse philosophique de M. de Montesquieu ? Oui, assurément, et sur sa pensée véritable je crois quelque chose de mieux que sa parole, je crois son livre.

Il estimait fort la loi civile, mais il estimait encore plus la liberté naturelle, que la loi ne fonde pas et qu'elle assure. Cet homme, qui paraît tout absoudre, parce qu'il comprend tout, et qui, au premier abord, nous blesse par cette faculté de tout expliquer, même l'odieux, cet homme a ses préférences marquées en fait de gouvernement. Il définit à sa façon la liberté politique : « elle est cette (1) tranquillité d'esprit qui provient de l'opinion que chacun a de sa sûreté, et, pour qu'on ait cette liberté, il faut que le gouvernement soit tel qu'un citoyen ne puisse pas craindre un autre citoyen. » — « Il y a une nation dans le monde qui a pour objet direct de sa constitution la liberté politique. Nous allons examiner les principes sur lesquels elle la fonde. S'ils sont bons, la liberté y paroîtra comme dans un miroir. » Il examine en effet la constitution anglaise, et il y trouve « la meilleure espèce de gouvernement que les

(1) Esprit des Lois, liv. XI.

hommes aient pu imaginer. » C'était être libéral dans ce temps que d'être partisan de la monarchie représentative. Mais enfin les monarchies représentatives peuvent passer, et la science qui les soutient n'est, après tout, qu'une école. Du moins ce qui ne passera pas, c'est cette admirable protestation contre le despotisme, l'arbitraire, l'inquisition, la torture, l'esclavage, la barbarie des guerres, etc. Une protestation pareille honore à jamais la raison humaine, et la nation où elle s'est fait entendre (1). Montesquieu a mérité par là ce bel éloge de Voltaire : « Le genre humain avait perdu ses titres, M. de Montesquieu les a retrouvés. »

Voilà la généreuse et forte tradition de la politique française. Les hommes ne sont pas faits pour les gouvernements, mais les gouvernements pour les hommes ; un gouvernement ne mérite d'être conservé que s'il rend service à la liberté naturelle, pour la défendre et pour l'élever. Sinon, il est une maladie, et on ne conserve pas une maladie ; on s'en guérit. Voici un médecin qui connaît, de science certaine, la nature des divers tempéraments : sanguin, nerveux, bilieux, lymphatique, et le régime par lequel chacun d'eux reste ce qu'il est, ne se change point en un autre. C'est un habile homme qui ne sera pas mon médecin. Je ne tiens point à mon tempérament, je tiens à la santé. Le beau profit pour moi que mon tempérament se conserve, si j'en meurs !

Constitutions politiques différentes ne sont que des

(1) Voir à la fin l'*Appendice*.

passages que la liberté traverse pour aller à mieux, comme l'enfance, l'adolescence, la jeunesse, où l'homme s'élabore. Essayez de conserver l'enfance dans un être, comprimez ses membres de peur qu'ils ne croissent, vous n'y réussirez pas : il croîtra dans sa prison et la brisera, ou il mourra. Faites donc mieux ; puisque vous ne pouvez rien contre la nature, secondez-la ; puisque d'un enfant elle fera un homme, tâchez, par de convenables exercices, que ce soit un homme sain et fort. Et puisque un peuple grandit aussi, puisqu'il grandira malgré vous, faites que ses institutions grandissent avec lui, et qu'à l'âge de la force, il soit intelligent, honnête et courageux. Un arbre, un animal, un homme ne sont pas la pierre immobile ; il y a un art de conserver les pierres, et un autre art de conserver les êtres vivants. La vie d'un peuple est une perpétuelle métamorphose, depuis l'autocratie, qui convient aux enfants, jusqu'à la démocratie, qui est le gouvernement des hommes faits. Devant des changements inévitables, tout l'art de la politique est d'en deviner l'instant. Qu'elle le permette ou qu'elle ne le permette pas, la grande machine marche ; il nous est seulement permis d'en adoucir les ressorts, de prévenir le choc et l'éclat.

Il y a longtemps que la politique d'immobilité existe par le monde ; il y a peu, elle cherchait encore son nom : elle l'a trouvé, chez nous, à notre honneur. Un parti s'est fièrement intitulé parti des bornes, borne en effet, qui n'arrête pas le charriot, mais où le charriot accroche et verse.

Vraiment, la pure politique, sans principes, est bien misérable. Si elle n'était qu'immorale, cela toucherait peu certains hommes, bien au-dessus des préjugés, et nous ne songerions pas à les inquiéter; mais elle a le défaut d'être absolument vaine. C'est l'histoire éternelle et universelle du monde. Comme les habiles ne comptent pas avec le peuple, aussi ils comptent sans lui : ils travaillent selon toutes les règles de l'art, puis le peuple passe au travers de leurs toiles et les emporte; à des moments le parterre monte sur la scène, et mêle la réalité brutale aux jeux décents des auteurs classiques. Les habiles font les événements comme à l'Observatoire on fait la pluie et le beau temps, comme à l'Académie on fait la langue : ils notent, et conservent pieusement les révolutions de la rue; ce sont les académiciens de la politique. Consolons les plus humbles, et renvoyons les plus fiers à Bossuet :

« Considérez ces grands (1) et puissants génies; ils ne savent tous ce qu'ils font : ne voyons-nous pas tous les jours manquer quelque ressort à leurs grands et vastes desseins, et que cela ruine toute l'entreprise? L'événement des choses est ordinairement si extravagant, et revient si peu aux moyens que l'on y avoit employés, qu'il faudroit être aveugle pour ne pas voir qu'il y a une puissance occulte et terrible qui se plaît de renverser les desseins des hommes, qui se joue de ces grands esprits, qui s'imaginent remuer tout le monde, et qui ne s'aperçoivent pas qu'il y a une raison supérieure qui se sert et se moque d'eux, comme ils se servent et se moquent des autres. »

Il me semble évident qu'en politique Montesquieu

(1) IIe Sermon pour le Dimanche de la Quinquagésime.

n'est point un neutre, et que les partisans de l'immobilité devront renoncer à le prendre pour un des leurs. Il faut changer sa définition du meilleur gouvernement qu'il nous avait donnée pour nous tromper, et dire : « Le gouvernement le plus conforme à la nature est celui qui protége le mieux la liberté naturelle. » Il ne le cherche pas, il le trouve tout fait, pratiqué en Angleterre, et se contente de l'analyser.

« Comme dans un État (1) libre tout homme qui est censé avoir une âme libre doit être gouverné par lui-même, il faudroit que le peuple en corps eût la puissance législative. »

« Le peuple (2) est admirable pour choisir ceux à qui il doit confier quelque partie de son autorité. Il n'a à se déterminer que par des choses qu'il ne peut ignorer, et des faits qui tombent sous les sens. Il sait très bien qu'un homme a été souvent à la guerre, qu'il y a eu tels ou tels succès : il est donc très-capable d'élire un général. Il sait qu'un juge est assidu, que beaucoup de gens se retirent de son tribunal contents de lui, qu'on ne l'a pas convaincu de corruption : en voilà assez pour qu'il élise un préteur. Il a été frappé de la magnificence ou des richesses d'un citoyen : cela suffit pour qu'il puisse choisir un édile.... Si l'on pouvoit douter de la capacité naturelle du peuple pour discerner le mérite, il n'y auroit qu'à jeter les yeux sur cette suite continuelle de choix étonnants que firent les Athéniens et les Romains : ce qu'on n'attribuera pas sans doute au hasard. »

» Mais saura-t-il (3) conduire une affaire, connoître les

(1) Esprit des Lois, liv. XI, ch. 6. — (2) *Ibid.*, liv. II, ch. 2. — (3) *Ibid*, liv. II, ch. 2.

lieux, les occasions, les moments, en profiter? Non, il ne le saura pas. »

» Comme la plupart des citoyens, qui ont assez de suffisance pour élire, n'en ont pas assez pour être élus, de même le peuple, qui a assez de capacité pour se faire rendre compte de la gestion des autres, n'est pas propre à gérer par lui-même.

» Il faut que les affaires aillent, et qu'elles aillent un certain mouvement qui ne soit ni trop lent, ni trop vite. Mais le peuple a toujours trop d'action ou trop peu. Quelquefois avec cent mille bras il renverse tout; quelquefois avec cent mille pieds il ne va que comme les insectes. »

« Il faudrait que le peuple (1) en corps eût la puissance législative; mais comme cela est impossible dans les grands états, et est sujet à beaucoup d'inconvénients dans les petits, il faut que le peuple fasse par ses représentants tout ce qu'il ne peut faire par lui-même. »

« Le grand avantage des représentants, c'est qu'ils sont capables de discuter les affaires. Le peuple n'y est point du tout propre. »

Sur ces considérations est fondée la nécessité du gouvernement représentatif. Voici comment ce gouvernement se complique, comment la représentation se double.

« Il y a toujours dans un état des gens distingués par la naissance, les richesses ou les honneurs; mais s'ils étoient confondus parmi le peuple, et s'ils n'y avoient qu'une voix comme les autres, la liberté commune seroit leur esclavage, et ils n'auroient aucun intérêt à la défendre, puisque la plupart des résolutions seroient contre eux. La part qu'ils ont à la législation doit donc être proportionnée aux autres

(1) Esprit des Lois, liv. XI, ch. 6.

avantages qu'ils ont dans l'état : ce qui arrivera s'ils forment un corps qui ait droit d'arrêter les entreprises du peuple, comme le peuple a droit d'arrêter les leurs. »

« Le corps des nobles doit être héréditaire. Il l'est premièrement par sa nature; et d'ailleurs il faut qu'il ait un très grand intérêt à conserver ses prérogatives, odieuses par elles-mêmes, et qui, dans un état libre, doivent toujours être en danger. »

Enfin, le gouvernement représentatif, avec sa double représentation, sera une monarchie.

« La puissance exécutrice doit être entre les mains d'un monarque, parce que cette partie du gouvernement, qui a presque toujours besoin d'une action momentanée, est mieux administrée par un que par plusieurs. »

« Si le monarque prenoit part à la législation par la faculté de statuer, il n'y auroit plus de liberté. Mais comme il faut pourtant qu'il ait part à la législation pour se défendre, il faut qu'il y prenne part par la faculté d'empêcher. »

Les choses étant dans cet état, il faut encore qu'elles se soutiennent, et tout est perdu si le roi déconsidère la noblesse ou si elle se déconsidère elle-même.

« Le principe (1) de la monarchie se corrompt lorsque les premières dignités sont les marques de la première servitude ; lorsqu'on ôte aux grands le respect du peuple, et qu'on les rend de vils instruments du pouvoir arbitraire. Il se corrompt encore plus lorsque l'honneur a été mis en contradiction avec les honneurs, et que l'on peut être à la fois couvert d'infamie et de dignités. »

(1) Esprit des Lois, liv. VIII, ch. 7.

« Voici donc (1) la constitution fondamentale du gouvernement dont nous parlons. Le corps législatif y étant composé de deux parties, l'uné enchaînera l'autre par sa faculté mutuelle d'empêcher. Toutes les deux seront liées par la puissance exécutrice, qui le sera elle-même par la législative. »

« Ces trois puissances devroient former un repos ou une inaction. Mais, comme par le mouvement nécessaire des choses, elles sont contraintes d'aller, elles seront forcées d'aller de concert.

La monarchie constitutionnelle en France.

On comprend le gouvernement que Montesquieu propose. Il y emploie des éléments réels : un peuple qui est bien un peuple, une noblesse qui est bien une noblesse, un roi qui n'est que roi. Il prend des forces dans leur énergie, et seulement il les civilise, les tempère réciproquement, les contraint de vivre ensemble, de ne pas se détruire l'une l'autre, et de travailler de concert au bien commun.

C'est le gouvernement qu'on a voulu importer en France. Il fallait d'abord un roi, un peuple et une noblesse. Le roi était donné, le peuple était trouvé; mais il n'y avait point de noblesse, selon la définition entière de Montesquieu, comme en Angleterre. On avait devant soi des noms qui n'étaient que noms; des fortunes qui n'étaient que des fortunes; la propriété morcelée dans le passé par la vente des biens nationaux, dans l'avenir par le code civil, qui prescrit le partage égal des successions; le sentiment de l'égalité partout répandu; on

(1) Esprit des Lois, liv. XI, ch. 6.

fit ce qu'on pouvait faire, on fondit toutes les illustrations, et on obtint un corps très-distingué, mais auquel il manquait, pour tenir la place que Montesquieu lui assigne, un intérêt personnel à défendre, de ces « prérogatives odieuses par elles-mêmes, qui, dans un état libre, doivent toujours être en danger. » L'hérédité, qui lui donnait une certaine indépendance, comme une vie propre, disparut à la première révolution ; d'ailleurs, avant et après, de peur qu'elle n'eût un esprit à elle, le pouvoir exécutif, par des introductions nouvelles, en changeait la majorité. Ainsi un roi sans action directe, et une aristocratie sans indépendance, sans profondes racines dans le sol. Ces deux pouvoirs affaiblis, il ne restait plus à affaiblir que le peuple : on en tria la centième partie, et le gouvernement représentatif fut fait. On eut en résultat :

Une fausse démocratie : cent mille électeurs sur dix millions de citoyens ; le reste hors la nation.

Une fausse aristocratie, tirée de partout, et nommée à discrétion par le roi. Avec deux moitiés, l'une démocratique, l'autre monarchique, on pensait faire un tout aristocratique.

Une fausse royauté constitutionnelle. Institué pour empêcher la loi par le *veto*, ou pour l'exécuter, non point pour la faire, le pouvoir exécutif la faisait indirectement pour une part, en nommant les pairs qui la font.

Qu'arriva-t-il ? Toutes ces choses, qui faisaient semblant d'être, tentèrent d'être réellement : la démocratie une vraie démocratie, l'aristocratie une vraie aristocratie, la royauté une vraie royauté.

Le peuple, exclu du corps électoral, essaya constamment d'y entrer; le cens fut abaissé, et, à mesure qu'il descendait, on demandait qu'il descendît encore davantage. Il se serait annulé par succession de temps; l'impatience des uns, l'obstination des autres précipitèrent l'événement.

De son côté, l'aristocratie cherchait à se constituer: sous la Restauration l'aristocratie noble, sous le gouvernement suivant l'aristocratie bourgeoise, maîtresse de l'argent et des élections, toujours représentant le privilége contre le nombre.

Enfin la royauté ne vit pas pourquoi elle ne serait pas une royauté réelle, et tenta le gouvernement personnel.

On le voit, une de ces choses ne pouvait exister qu'en détruisant l'autre, et la guerre était inévitable. Les deux priviléges, le roi et l'aristocratie nouvelle, firent alliance contre le nombre; le roi devint le chef de la haute bourgeoisie, à condition de la défendre contre l'envahissement de la petite bourgeoisie et de la classe ouvrière. On avait réussi quand on a échoué.

Montesquieu n'est pour rien dans cette triste aventure du gouvernement représentatif en France: on ne l'avait pas consulté. Esprit pratique, ami de la réalité, il observe les éléments existants dont une nation se compose, et la constitution qu'il lui offre n'est que le cadre où ces éléments peuvent se mouvoir: il fait le gouvernement pour la nation; nous, nous avons fait la nation pour le gouvernement. Amoureux du solide, il prend une vraie noblesse et un vrai peuple, dans toute leur vigueur ; pour qu'ils aillent de concert, il compte sur la nécessité, et il aide à la nécessité par l'interposition du roi constitutionnel, fiction, sans doute, mais fiction utile pour modérer les deux forces vivantes, prévenir ou adoucir les chocs, imposer des trêves, rétablir l'harmonie. Nous, plus habiles que le maître, nous avons mis en présence dans la constitution trois impuissances ; où il créait une fiction, nous avons créé trois fictions. Au lieu de faire comme lui, de creuser avant dans les entrailles du sol, pour y appuyer des constructions solides, on a dressé à la surface une manière de décor de gouvernement représentatif, et l'on s'étonne que cette construction en l'air n'ait pas tenu. La merveille est qu'elle tînt encore quand elle est tombée ; et au moment de la chute, on a vu : derrière le fantôme de la démocratie la nation, sous l'aristocratie rien, sous la royauté un piége.

Qu'on n'espère point, du moins du consentement de Montesquieu, se passer de noblesse dans la monarchie. « La maxime fondamentale (1) de la monarchie est « point de monarque, point de noblesse ; point de » noblesse, point de monarque. » Juste maxime, car, pour supporter la noblesse ou la royauté, il faut supporter le rang, indépendamment du mérite, estimer dans les hommes une valeur de position, hors de la

(1) Esprit des Lois, liv. II, ch. 4.

valeur personnelle. Les deux choses vivent du même préjugé, et elles se soutiennent l'une l'autre. » Le roi est la source de tout pouvoir, et les nobles « les canaux (1) moyens, par où coule sa puissance; » le roi est le chef des nobles : il donne la noblesse par sa volonté et la relève par sa faveur; de son côté, le corps des nobles, en escortant le roi, ajoute à sa majesté. Les choses se passent comme parmi ces grands corps qui se meuvent au-dessus de nos têtes : au centre, un astre, foyer de lumière, autour de lui d'autres astres qui réfléchissent, multiplient et étendent son éclat. C'est, à notre égard, un autre monde, un monde d'en haut, surnaturel, le mystère de la société.

La noblesse sent bien cette solidarité. Dans le chapitre : *Combien la noblesse est portée à défendre le trône,* Montesquieu dit avec raison :

« La noblesse angloise (2) s'ensevelit avec Charles Ier sous les débris du trône; et, avant cela, lorsque Philippe II fit entendre aux oreilles des François le mot de liberté, la couronne fut toujours soutenue par cette noblesse qui tient à honneur d'obéir à un roi, mais qui regarde comme la souveraine infamie de partager la puissance avec le peuple. »

Qui veut la noblesse dans un État, la veut avec ses conditions naturelles : un rang privilégié appelle une justice et une loi de privilége. Il lui faut :

L'hérédité (3).

Le droit d'aînesse.

(1) Esprit des Lois, liv. II, ch. 4. — (2) *Ibid.*, liv. VIII, ch. 9. — (3) *Ibid.*, V, ch. 9.

Les substitutions qui conservent le bien dans les familles.

Le retrait lignager, pour rendre aux familles nobles les terres que la prodigalité d'un parent aura aliénées.

Des fiefs, des terres qui aient des priviléges comme les personnes.

Le droit d'être jugés par leurs pairs :

« Les grands (1) sont toujours exposés à l'envie ; et s'ils étoient jugés par le peuple, ils pourroient être en danger, et ne jouiroient pas du privilége qu'a le moindre citoyen dans un état libre, d'être jugé par ses pairs. Il faut donc que les nobles soient appelés, non pas devant les tribunaux ordinaires de la nation, mais devant cette partie du corps législatif qui est composée de nobles. »

Avons-nous en France le respect de la naissance, et acceptons-nous volontiers les inégalités ? Verrions-nous de bon cœur revenir la pairie héréditaire, le droit d'aînesse, les majorats, les fiefs, etc. ? Laisserions-nous tranquillement effacer de notre code le principe de l'égalité devant la loi ? L'égalité ne nous est-elle pas plus chère encore que la liberté ? Estimons-nous sérieusement autre chose que le mérite personnel, qui à nos yeux fait tout pâlir ? N'est-ce pas dans la France d'hier que s'est passée la scène fameuse du 4 août : la noblesse brûlant elle-même ses parchemins ? Et ce n'est point une génération qui est ainsi, la nuit du 4 août n'est point un accident ; nous touchons là le vieux fond de la nature française. Si l'on

(1) Esprit des Lois, liv. XI, ch. 6.

voulait citer ceux de nos écrivains qui ont mis le mérite personnel au-dessus de la naissance, il faudrait citer presque tous nos Français; bornons-nous donc à Montesquieu, à l'oracle du gouvernement constitutionnel. Dans ses *Pensées diverses*, où il est à l'aise, on lit ceci :

« J'ai eu d'abord pour les grands une crainte puérile; dès que j'ai eu fait connoissance, j'ai passé presque sans milieu jusqu'au mépris. » « Je disois à un homme « Fi donc ! vous avez les sentiments aussi bas qu'un homme de qualité.» « Je hais Versailles, parce que tout le monde y est petit; j'aime Paris, parce que tout le monde y est grand. »

Montesquieu est de son pays. J'aime la noblesse ; c'est une belle et bonne chose : par la force des traditions, par l'impression des exemples, elle est un engagement à bien faire; elle a ce que les plus puissants individus ne se donnent pas, la durée; si la fortune s'y ajoute, elle forme ces grandes existences où la dignité, la politesse, la générosité fleurissent comme dans leur lieu naturel; elle provoque, elle illustre le mérite, mais elle ne le remplace pas, et Voltaire répondait comme il faut à ce personnage qui lui reprochait sa naissance : « Je porte mon nom, et vous traînez le vôtre. »

Quoi qu'on fasse, il y a dans tous les pays une noblesse, c'est-à-dire des gens distingués au-dessus des autres; mais, quoi qu'on fasse aussi, le temps, qui transforme tout, la transforme, et en renouvelle les titres. Elle subsistera tant que les amis de l'égalité n'auront pas trouvé le moyen d'égaliser les intelligences et les courages; mais il faut bien le reconnaître, maintenant, la puissance qui la confère, c'est la souveraine des souverains, l'opinion, sur le titre du mérite personnel. L'homme extraordinaire qui a tenté de la ressusciter en France, respectueux pour l'esprit des temps modernes, n'ennoblissait pas au gré de son caprice, il n'élevait point ce qui était bas; et en associant à sa grandeur les généraux qui y avaient travaillé, il ne créait pas, à vrai dire, la noblesse, il ne faisait que la reconnaître. Lannes était ce qu'il était, avant de s'appeler duc de Montebello; ce nom, ajouté à son humble nom de famille par un décret, confirmait simplement la renommée, et il ne s'agissait plus que de savoir sous quel nom le grand personnage irait à la postérité. Napoléon pouvait faire des nobles, il avait bien pu se faire empereur, et il continuait ses prodiges; mais aujourd'hui, l'opinion jalouse ne s'accommoderait même plus de ces tentatives indiscrètes : comme elle sent sa force, comme elle sait qu'elle a de quoi récompenser les mérites les plus hauts et les plus difficiles, elle ne voit point avec plaisir qu'on entreprenne sur elle, et elle donne aux hommes éminents une noblesse personnelle, qu'elle n'envie pas aux enfants, qu'elle se plaît même à leur proposer, mais qu'elle ne leur accorde pas non plus, si elle n'y rencontre le fonds qui la soutienne.

Notre instinct en France est contre la noblesse, et depuis huit siècles nos rois l'ont fortifié, en s'alliant avec le peuple contre les grands. L'œuvre achevée, l'ennemi commun détruit, il a fallu venir à se partager les dépouilles, et les rois se sont trouvés seuls devant leur ancien auxiliaire, compétiteur maintenant. Que faire ? Une royauté maîtresse ? il n'y fallait pas penser ; une royauté constitutionnelle irresponsable ? elle n'entrait pas dans l'esprit de la nation. On ne supporte pas chez nous un roi qui règne et gouverne, et on ne comprend pas un roi qui règne et ne gouverne pas. Aussi notre essai de monarchie a mal tourné, et toute la bonne volonté du monde s'est brisée contre la force des choses.

Montesquieu a dit : « Le gouvernement (1) le plus conforme à la nature est celui dont la disposition particulière se rapporte mieux à la disposition du peuple pour lequel il est établi. » Et plus loin : « Les lois doivent être tellement propres au peuple pour lequel elles sont faites, que c'est un très-grand hasard si celles d'une nation peuvent convenir à une autre. » Cela donne à réfléchir. En important la monarchie représentative d'Angleterre en France, a-t-on assez considéré les différences des deux pays ? En Angleterre, l'existence de la noblesse est un grand fait accepté : le peuple la tolère, et même il en est fier. Pendant sept cents ans, elle l'a conduit au combat contre la royauté, et, une fois la royauté suffisamment diminuée, ils l'ont laissée prudemment entr'eux deux, inutile à elle-même, utile au bien commun, comme dans des appareils électriques ces minces feuilles de verre qui empêchent deux forces con-

(1) Esprit des lois, liv. I, ch. 3.

traires de se précipiter l'une sur l'autre et de faire explosion.

La monarchie constitutionnelle est en Angleterre un fruit du sol : elle sort du génie et du passé de la nation. Elle lui va si bien qu'il serait merveilleux qu'elle nous allât aussi ; et en effet, transplantée de là-bas ici, elle a trouvé contre elle notre esprit, notre instinct et notre histoire. Elle n'a pas duré, parce qu'elle était artificielle. Et ses anciens partisans s'étonnent, ils s'ingénient à chercher dans mille petits accidents les causes de cette mort improbable. Il n'y a rien d'étonnant dans tout cela que leur étonnement même.

Moralité de l'Esprit des Lois.

Je comprends ce mot de Montesquieu : « Dans les monarchies, la politique (1) fait faire les grandes choses avec le moins de vertu qu'elle peut, comme, dans les plus belles machines, l'art emploie aussi peu de mouvements, de forces et de roues qu'il est possible. » Un gouvernement qui ne subsisterait que par l'héroïsme des citoyens, qui exigerait que toutes les âmes fussent perpétuellement montées au ton sublime, et qui serait perdu si le dévouement universel se relâchait un instant, ce gouvernement se soutiendrait à trop grands frais, et la politique qui l'aurait inventé serait peu habile. Il est certain qu'il ne durerait pas longtemps. Pour l'usage de la vie commune, il n'est pas sage de demander aux hommes de ces qualités d'exception, du rare et de l'extraordinaire ; à la pra-

(1) Esprit des Lois, liv. III, ch. 5.

tique de tous les jours il faut la vertu de tous les jours. Partout où il y a une société humaine, c'cst ainsi qu'elle s'entretient. Chacun, inspiré par l'intérêt personnel, désire naturellement tout avoir et ne rien donner, s'exempter de toutes charges et les renvoyer aux autres : il désire, par exemple, en fait d'impôts, ne rien payer, et que tous ses concitoyens paient. Mettez tous ces vœux ensemble, et calculez le résultat : chacun n'a pour soi que sa voix, et a contre soi toutes les voix; les prétentions personnelles se détruisent, et l'avis de tout le monde, en définitive, est que tout le monde paie. Ainsi ce résumé des volontés particulières égoïstes, la volonté générale, ne va qu'à l'intérêt général.

Une fois les parts faites égales entre citoyens qui donnent également, quelqu'un veut-il une plus forte part ? il n'a qu'à donner davantage, à rendre à l'État quelque service de surcroît. Comme il donne plus qu'il ne doit, il reçoit plus qu'il n'est dû, selon l'équité.

Sans s'adresser à autre chose qu'à l'intérêt, il n'est pas difficile de lui faire entendre qu'il n'y a d'utile pour un seul que ce qui est utile pour tous, et, comme disaient les anciens, qu'il n'y a de bon pour l'abeille que ce qui est bon pour l'essaim.

Ainsi vont les choses : on sert la société en se servant soi-même, et on se sert soi-même en servant la société. Ainsi elle s'entretient, non point par un sacrifice perpétuel et universel, par un effort surhumain, constamment demandé à chacun de ses membres, mais par le travail naturel et infatigable de l'intérêt.

Voilà par quel ressort simple et vulgaire elle se meut, par quel art elle transforme la rivalité en concorde. Elle nous prend tels que nous sommes : très-amoureux de nous-mêmes, vertueux et héroïques à notre corps défendant, et tire parti de nous, fait beaucoup avec peu. C'est son secret.

Vienne la vertu maintenant, elle sera bien reçue. Inspirez à ces citoyens la passion de l'intérêt général, l'amour de la patrie ; où il y avait déjà une force, vous en ajoutez une nouvelle d'une admirable vigueur : vous éclairez et fortifiez la prudence par quelque chose de meilleur que la prudence, la vertu. Enseignez-leur enfin que, dans des circonstances désespérées, il faut sacrifier résolument à son pays, apporter son argent au trésor, courir à la frontière ou aux remparts : voilà de bons citoyens et un bon État. L'intérêt est relevé par la vertu, et la vertu portée au besoin jusqu'à l'héroïsme. Nulle force humaine n'est perdue pour le bien commun, nulle n'est employée contre une autre ; toutes se secourent mutuellement : l'Etat, le citoyen et l'homme profitent à la fois.

Mais si, pour avancer dans l'Etat, il suffit de faire ses propres affaires, au détriment du reste ; de s'enrichir, par exemple, aux dépens des particuliers ou du public ; de s'attacher à la personne du prince, de servir ses fantaisies, quand il a raison et quand il a tort, je l'avoue, l'héroïsme n'est ici jamais nécessaire, et la vertu est de trop ; en revanche l'intérêt personnel travaille contre l'intérêt général : il n'y a plus de citoyens, il n'y a plus que des individus et point de société; ce pays est à l'étranger qui veut le prendre; à l'intérieur, au plus offrant ou au plus hardi. Et quel mal de tourner la société contre l'homme, de nous mettre, nous déjà si faibles, en tel lieu où l'on soit ensemble un malhonnête homme et un bon citoyen!

Or, sur la moralité du gouvernement monarchique, Montesquieu, qui le recommande si fort, inspire vraiment des scrupules.

» *L'honneur*, c'est-à-dire, le préjugé (1) de chaque personne et de chaque condition, prend la place de la vertu politique dont j'ai parlé, et la représente partout. Il y peut inspirer les plus belles actions; il peut, joint à la force des lois, conduire au but du gouvernement, comme la vertu même. Ainsi dans les monarchies bien réglées, tout le monde sera à peu près bon citoyen, et on trouvera rarement quelqu'un qui soit homme de bien; car, pour être homme de bien, il faut avoir intention de l'être, et aimer l'État moins pour soi que pour lui-même.... Philosophiquement parlant, c'est un honneur faux qui conduit toutes les parties de l'État; mais cet honneur faux est aussi utile au public que le vrai le seroit aux particuliers qui pourroient l'avoir. »

« Je sais très-bien (2) qu'il n'est pas rare qu'il y ait des princes vertueux, mais je dis que dans une monarchie il est très-difficile que le peuple le soit. »

« Qu'on lise ce que les historiens de tous les temps ont dit sur la cour des monarques; qu'on se rappelle les conversations des hommes de tous les pays sur le misérable caractère des courtisans : ce ne sont point des choses de spéculation, mais d'une triste expérience.

(1) Esprit des Lois, liv. III, ch. 6 et 7. — (2) *Ibid.*, liv. III, ch. 5.

» L'ambition dans l'oisiveté, la bassesse dans l'orgueil, le désir de s'enrichir sans travail, l'aversion pour la vérité, la flatterie, la trahison, la perfidie, l'abandon de tous ses engagements, le mépris des devoirs du citoyen, la crainte de la vertu du prince, l'espérance de ses faiblesses, et, plus que tout cela, le ridicule perpétuel jeté sur la vertu, forment, je crois, le caractère du plus grand nombre des courtisans, marqué dans tous les lieux et dans tous les temps. Or, il est très malaisé que la plupart des principaux d'un état soient malhonnêtes gens, et que les inférieurs soient gens de bien ; que ceux-là soient trompeurs, et que ceux-ci consentent à n'être que dupes. »

» Que si dans le peuple il se trouve quelque malheureux honnête homme, le cardinal de Richelieu, dans son Testament politique, insinue qu'un monarque doit se garder de s'en servir. Tant il est vrai que la vertu n'est pas le ressort de ce gouvernement. Certainement elle n'en est point exclue, mais elle n'en est pas le ressort. »

Puis Montesquieu ajoute : « Je me hâte et je marche à grands pas, afin qu'on ne croie pas que je fasse une satire du gouvernement monarchique. » Il n'était que temps de se hâter.

Après cela, il faut avouer que Montesquieu pèche par la moralité : il voit les dangers du gouvernement monarchique pour l'honnêteté, et cette vue ne l'en détourne nullement ; mais c'est moins son défaut que le défaut de sa science. La philosophie prend l'homme tout entier, nature, origine, destinée, vie extérieure, vie intérieure, vie présente et future ; la politique ne prend de l'homme que cet être qui existe en société, ne considère en lui que le droit, la liberté naturelle pour l'organiser. C'est là son terrain humble et étroit mais solide, où Montesquieu se reconnaît admirablement. Pour lui, il s'agit de donner au droit la sécurité ; il n'y a de sécurité possible que dans les gouvernements modérés, et le gouvernement modéré par excellence est la monarchie, la monarchie représentative. Elle est donc le meilleur gouvernement aux yeux du politique dont elle accomplit le dessein. Comme en même temps elle accomplit ce dessein par les moyens les plus faciles, même qu'elle épargne cette chose si chère, la vertu, elle est une machine parfaite qui contente pleinement l'ouvrier. Si elle fait d'ailleurs quelque mal, à la faveur de ce service principal, il passe.

Tandis que dans les livres, la philosophie et la politique vont chacune de leur côté, l'homme les réunit. Il ne lui suffit pas d'apprendre du philosophe qu'il a des devoirs et des droits et qu'il est sociable, il demande au politique de constituer une société où ses droits soient assurés ; mais il ne lui suffit pas non plus que ses droits soient assurés, il se souvient qu'il existe une morale et ordonne qu'on lui fasse sa place dans les constitutions ; il admire les grands politiques, mais il lui plaît par-dessus tout qu'on soit humain. Or la politique humaine est celle qui fait des hommes.

Quelle singulière page encore que celle-ci.

« Convient il que les charges (1) soient vénales ? Cette vénalité est bonne dans les États monarchiques, par ce qu'elle fait faire comme un métier de famille ce qu'on ne voudroit pas entreprendre pour la vertu ; qu'elle destine

(1) Esprit des Lois, liv. V, ch. 19.

chacun à son devoir, et rend les ordres de l'état plus permanents... Platon ne peut la souffrir : « C'est, dit-il, comme si dans un navire, on faisoit quelqu'un pilote ou matelot pour son argent. Seroit-il possible que la règle fût mauvaise dans quelque autre emploi que ce fût de la vie, et bonne seulement pour conduire une république ? » Mais Platon parle d'une république fondée sur la vertu, et nous parlons d'une monarchie. Or, dans une monarchie où, quand les charges ne se vendroient pas par un réglement public, l'indigence et l'avidité des courtisans les vendroient tout de même, le hasard donnera de meilleurs sujets que le choix du prince. Enfin la manière de s'avancer par les richesses inspire et entretient l'industrie : chose dont cette espèce de gouvernement a grand besoin. »

C'est à croire qu'il se moque, et qu'il est au fond républicain ; il produit souvent cet effet. C'est tout simplement le propre de cet esprit qu'on appelle pratique, positif, de ne pouvoir se montrer, sans se décrier. Les hommes pratiques diront ce qu'il leur plaira, Platon a raison, et s'il a raison contre la monarchie, cela est fâcheux pour la monarchie. Voltaire n'avait point la sorte de génie nécessaire pour composer *l'Esprit des lois,* le génie perçant, logique et patient qui y éclate ; il n'est pas d'humeur à tout comprendre et à tout expliquer ; il n'entend guère que ce qu'il approuve ; aussi le *Commentaire sur l'Esprit des lois* est loin de valoir le texte, mais où il passe le maître, c'est lorsque le maître s'oublie, comme ici : « La fonction divine de rendre justice, de disposer de la fortune et de la vie des hommes, un métier de famille ! » On a plaisir après tant d'habileté, à retrouver le simple et ferme bon sens humain, la raison intraitable. Ce mot fait du bien.

Je ne régente pas Montesquieu : en lui reprochant de ne pas se préoccuper assez de moralité, je rappelle simplement le reproche que notre temps plus scrupuleux lui adresse. Il y a toujours des hommes d'État que ce point ne tourmente guère, qui goûtent peu les honnêtes gens, espèce raide, difficile à manier, ingouvernable, et vont de préférence vers les consciences accommodantes ; ils conduisent les hommes par leurs vices, et créent les vices pour mieux conduire les hommes ; démoralisant une nation, ils se croient moraux eux-mêmes, comme si ce qui corrompt était sain ; ils croient qu'un peuple a tout sauvé quand il a sauvé de certaines institutions, et qu'il n'a rien à regretter, pas même la bonne conscience perdue, quand il a le bonheur d'être gouverné par eux. Nous devons à ces habiles la pitié, et la fortune leur doit des leçons, qu'ils ne comprendront pas. Vraiment le genre humain se gâte : il prétend qu'on l'estime en le gouvernant.

Profondeur de l'Esprit des Lois.

Où la différence des temps se marque clairement entre l'esprit de Montesquieu et l'esprit nouveau, c'est la question de souveraineté. Notre auteur la résout chemin faisant, sans la poser : « Dans un État libre (1) tout homme qui est censé avoir une âme libre doit être gouverné par lui-même ; » il dit cela et

(1) Esprit des Lois, liv. XI, ch. 6.

passe. Entre lui et nous il y a un monde, le monde du *Contrat social*, et de trois révolutions populaires, la souveraineté du peuple proclamée par J.-J. Rousseau, et exercée plusieurs fois solennellement par le peuple, attestée par ceux même qui la lui confisquaient. Voilà cette terrible question de légitimité, la plus profonde de toutes, la plus inévitable et la plus vivante, non point question de curiosité, agitée sans conséquence par les savants dans leur cabinet ou dans leurs livres, mais question maîtresse, agitée par tout le monde, question de vie et de mort pour les gouvernements, et jugée. Il suffit de voir et d'écouter autour de soi.

Il n'y a plus un seul gouvernement qui ose dire : Vous m'obéirez parce que je suis le maître, mais vous m'obéirez parce que je suis légitime, parce que je suis de droit divin ou de droit national. Dans le monde civilisé, le premier droit se retire chaque année un peu plus devant l'autre ; c'est même là une partie de la civilisation. Chez nous, un grand parti a eu l'honneur de maintenir pendant dix-huit années la distinction entre le fait et le droit, de reproduire obstinément la question de légitimité ; il lui est arrivé ce qui nous arrive si souvent à tous : il a travaillé pour d'autres que pour lui. A cette heure, il ne soutient plus que Dieu a concédé la France pour l'éternité à une famille de mâle en mâle ; il a, lui et son chef, abandonné le droit divin pour le droit national, et propose seulement à la nation l'hérédité, non point comme une restitution due, mais comme une commodité politique, un usage utile, et une bonne habitude. Il n'y a qu'un malheur à cela, c'est qu'il condamne ainsi son opposition de dix-huit années contre le gouvernement de fait : car si la légitimité d'un gouvernement est dans le consentement de la nation, la légitimité se reconnaît à ce consentement même, et le signe du droit, c'est le fait.

La souveraineté nationale n'est plus chez nous contestée; on cherche seulement où est la nation, comme si elle n'était pas partout. Quand on cherche de telles choses, on ne les trouve point, et (je demande bien pardon d'être moins grave dans un si grave sujet) on ressemble à celui que les maisons empêchaient de voir la ville. « Quoi donc, s'écrie-t-on, il faudrait reconnaître la souveraineté du nombre! Non; il ne faut reconnaître que la souveraineté de la raison. » Je suis aussi fier qu'un autre; j'aime autant qu'un autre la raison, et mes études ne sont pas pour me la faire mépriser; mais où est cette raison? Chacun affirme qu'elle est chez lui, qu'elle n'est pas chez son voisin. Qui donc décidera? Qui aura le droit de dire : « La voici, inclinez-vous? » Je suis citoyen comme vous, mon opinion de citoyen vaut donc votre opinion de citoyen; et puisqu'il ne plaît pas à la Raison absolue de parler, puisqu'il n'arrive pas non plus à tous les hommes de s'entendre, faute de mieux, il est nécessaire de s'en tenir à la décision du plus grand nombre; par conséquent le gouvernement légitime est celui qui convient à la majorité, celui qui porte sur la nation.

Cette maxime est bien humble, mais elle a le mérite d'être simple, naturelle et pratique : ce qui, dans les affaires, a bien son prix.

Et, chose inestimable dans les grands débats de la politique! ce jugement est le seul sans appel : car on appellera toujours de la sentence du pays légal à la sentence de cet autre pays à la fois illégal et légitime; après quoi il n'y a plus rien à dire. Vous jugez que le pays a tort; Mirabeau vous répond : « Quand tout le monde a tort, tout le monde a raison. »

On reprend : L'électorat est une fonction. Raisonnons, je vous prie. Qui nomme les fonctionnaires? Le gouvernement. Et qui a nommé le gouvernement? Les fonctionnaires. Ainsi les électeurs supposent le gouvernement, qui les suppose. Cela s'appelle un cercle vicieux. D'autres seront aisément plus habiles; pour moi je confesse que je n'ai jamais pu me tirer de là. L'électorat est une fonction sans doute, mais une fonction naturelle, attachée au titre de citoyen, et qui peut seulement se perdre, comme le titre de citoyen se perd, quand on a fait mal, quand on a enfreint la loi.

Une fois qu'on sort de la nature, il n'y a plus de règle fixe : l'artificiel est l'arbitraire; dans ce pays, chacun construit à sa fantaisie. Une fois qu'on renonce à consulter tous les citoyens sur les affaires publiques, lesquels consultera-t-on? En quel nombre et de quelle qualité? Si on les reconnaît à un signe, à quel signe? Au cens, à quel cens? A l'âge, à quel âge? dès que ce n'est plus l'époque de la majorité civile, où la loi présume qu'un jeune homme est un homme, l'émancipe et lui demande ses services. Au domicile, à quelle durée de domicile ? dès qu'on abandonne le terme fixé par la loi civile, pour constater qu'un citoyen est quelque part, et empêcher qu'il ne vote partout.

Et quand même ce serait le chef-d'œuvre de la sagesse, puisque en définitive l'Etat ne subsiste que par le consentement de tous ou de la plus forte partie, puisque sa force n'est pas dans la nature de la loi, mais dans l'opinion qu'en ont ceux qu'elle gouverne, ne voit-on pas qu'elle est vaine ? Quoi ! diront toujours les citoyens qu'elle exclut : un écu fait un parfait citoyen ! Avec cet écu on devient subitement apte à juger des grandes affaires, des premiers intérêts de l'État ! Avant de l'avoir, on ne se doutait pas de cette science, et si on le perd, on la perd ! Où est celui qui, jugé indigne, faute d'un peu d'argent, avouera qu'il est en effet indigne, et se comparant aux autres citoyens jugés dignes, avouera qu'il l'est moins qu'eux ? Par conséquent votre loi n'est pas sa loi, il la hait, il la renversera s'il peut, et il le pourra si le nombre des indignes est grand. Imprudents politiques ! en ôtant à ces hommes leur droit, il fallait leur ôter leur force. Mais on ne songe pas à tout.

On les irrite, et on les gâte. On les abaisse à leurs propres yeux, en les abaissant aux yeux des autres ; on détruit en eux le sentiment excellent de leur dignité. Montesquieu a dit énergiquement en parlant des esclaves : « Rien ne met plus près de la condition des bêtes (1), que de voir toujours des hommes libres, et de ne l'être pas. » On les gâte encore, lorsque, proposant l'argent pour signe de la valeur humaine, on les enflamme pour l'argent; comme s'il y avait à craindre que les hommes cessent un jour de l'aimer!

Je le répète, Montesquieu ne pose pas la question de souveraineté : la difficulté des temps, la prudence de son caractère, ne le lui permettent pas; mais il la résout, en passant, sans en avoir l'air. Or, la hardiesse n'est pas de la résoudre, mais de la poser, de l'inscrire en tête d'un chapitre, de la discuter dans ce chapitre, comme Rousseau au *Contrat social*. C'est en effet Rousseau qui l'a lancée dans le monde, où elle a fait un assez beau chemin. A cela près nos deux écrivains pensent de même. Montesquieu n'a pas dit : Le peuple est souverain; mais il a dit, dans son exposition du gouvernement représentatif : « Tous les citoyens (2), dans les divers districts, doivent avoir droit de donner leur voix pour choisir le représentant, excepté ceux qui sont dans un tel état de bassesse, qu'ils sont réputés n'avoir point de volonté propre. » Et mieux que cela, dans la maxime universelle, citée plus haut : « Dans un état libre, tout homme qui est censé avoir une âme libre doit être gouverné par lui-même. »

On a beau contester; la souveraineté du peuple en corps, ou, pour épargner des oreilles délicates, la sou-

(1) Esprit des Lois, liv. XV, ch. 13. — (2) *Ibid.*, liv. XI, ch. 6.

veraineté nationale, est le dogme fondamental de notre société moderne.

La nation peut faire d'elle-même ce qu'elle veut, comme je puis faire de moi ce que je veux. Mais il faut bien qu'on le sache, et qu'on ne l'oublie pas : pas plus que moi, la nation entière ne peut faire le juste et l'injuste. Elle crée la légitimité et la légalité : légitimité des formes de gouvernement, légalité des actes de ce gouvernement ; mais, comme le simple individu, elle n'agit qu'à condition d'agir bien ou mal, selon la loi morale éternelle. Il est bon de répéter au peuple souverain qu'il n'est pas maître de la nature des choses, de peur qu'il ne se prenne pour la raison en personne et ne vienne à déraisonner.

Le suffrage universel a un malheur, c'est de trouver pour adversaires la plupart des esprits polis, à cause de leur politesse même. Il y a en lui du torrent, ce que les hommes de conseil lui pardonneront malaisément. Montesquieu a écrit. « Pour former (1) un gouvernement modéré, il faut combiner les puissances, les régler, les tempérer, les faire agir ; donner, pour ainsi dire, un lest à l'une pour la mettre en état de résister à une autre : c'est un chef-d'œuvre de législation que le hasard fait rarement, et que rarement on laisse faire à la prudence. » Dans les circonstances difficiles, « les gens (2) qui ont de la sagesse et de l'autorité s'entremettent ; on prend des tempéraments, on s'arrange, on se corrige. » Aussi la monarchie constitu-

(1) Esprit des Lois, liv. v, ch. 14. — (2) *Ibid.*, liv. v, ch. 11.

tionnelle est l'idéal des esprits fins, qui y trouvent naturellement leur place ; ailleurs, dans les gouvernements simples, ils sont dépaysés. Il n'y a là qu'une sagesse et qu'une autorité, celle d'un seul ou de tous, et ce n'est pas le lieu des tempéraments, des arrangements et des correctifs. Lorsque dans un gouvernement républicain un peuple entier parle, qui voulez-vous qui parle après ? Il y a dans ces résolutions de la foule quelque chose d'absolu et de brutal qui effarouche les hommes d'intelligence ; c'est l'instinct qui humilie la raison.

Que les esprits cultivés se rassurent, il n'y a pas un seul gouvernement, sauf le despotique, qui se passe d'eux, et les hommes d'esprit ont assurément leur emploi sous la république ; seulement c'est un autre emploi. Au lieu de s'user à maintenir ce fameux équilibre des pouvoirs, qui se dérange toujours, ils ont à faire une œuvre moins ingrate. Le peuple veut, mais il arrive qu'il se trompe ; il veut, et ne sait pas comment s'y prendre pour exécuter ses volontés : il n'est pas organisateur, « il agit (1) par sa fougue et non pas par ses desseins. » Or, n'est-ce donc rien, quand la volonté générale est sage, de l'organiser, et quand elle est folle, de la combattre ? Au lieu de ce régime de convalescent, qui est en France le propre régime de la monarchie constitutionnelle, tout en privations, en précautions et en inaction, avec son demi-jour et sa température artificielle, c'est la vie de mouvement

(1) Esprit des Lois, liv. II, ch. 3.

au grand soleil et au grand air que Dieu fait. Et du moins ce n'est pas à cette vie-là qu'on perd ses forces.

Je ne tombe point en extase devant le suffrage universel et ses décisions, et je félicite ceux à qui le suffrage restreint fait cet effet. Il faut, dans ce monde, beaucoup de courage pour ne pas se dégoûter des plus beaux principes, quand on voit comment ils sont appliqués par les hommes. Le dernier mot de la sagesse sur ces grands ressorts qui font aller les choses d'ici-bas, me semble être toujours le mot du poète à son infidèle amie, le mot de l'âme à son compagnon, le corps : « On ne peut vivre avec toi ni sans toi. » Mais enfin, puisqu'il faut se décider, j'aime mieux la justice que le caprice, l'autorité incontestée que la vaine autorité, et j'aime mieux le droit contre moi que pour moi l'arbitraire.

Montesquieu et Rousseau.

Quand il blâme des institutions absurdes, avec la vigueur que nous connaissons, Montesquieu est Français, ailleurs il est Anglais. Je m'explique. Le génie de la France est le génie de la raison et de la justice, qui n'est que la raison appliquée. En politique, nous partons de la raison, de la justice que nous croyons ; la liberté vient ensuite, et s'arrange comme elle peut. L'autorité intervient en tout, surveille tous nos mouvements, les gêne ou les arrête. On ne fabrique guère de lois que des lois restrictives ; on sent partout un gouvernement qui se défend contre la liberté individuelle et ne se croit en sûreté que s'il a lié cette liberté. Les citoyens, de leur côté, se prêtent à cette fantaisie : ils n'ont point de foi dans leur force personnelle, et, qu'il s'agisse de vivre ou de se défendre, ils ont les yeux perpétuellement levés vers l'État, comme vers la Providence. Les jansénistes n'étaient pas plus défiants de leur volonté et plus dévots à la grâce. Il y a près de cent ans, un magistrat écrivait : « Notre défaut, en France, est de trop gouverner. » Il l'écrirait aujourd'hui. Tandis que la centralisation nous enveloppe de toutes parts, tandis que les lois de police circonviennent toutes nos actions, notre innocence ne nous garantit pas : notre maison, notre liberté, nos droits sont communément envahis : les visites domiciliaires, les détentions préventives, l'état de siége nous sont familiers. Ainsi nous avons en politique un idéal relevé, la justice, et par elle, la dignité, la moralité de l'espèce humaine ; mais nous faisons bon marché de la liberté individuelle, et du bonheur qu'elle ressent à se mouvoir.

L'Angleterre est un autre monde : son génie est la volonté. Conscient de cette force, fier de la posséder, impatient de la mettre en œuvre, n'ayant besoin que de lui-même, l'Anglais demande seulement qu'on le laisse agir ; il consent à ne pas heurter, pourvu qu'on ne le heurte pas ; et l'autorité est simplement dans ce pays l'espace que laissent entr'elles les volontés voisines, pour éviter les chocs. Cet espace perdu est naturellement le moins grand possible, et l'État n'a à faire qu'à le garder. Quelqu'un met-il le pied sur ce terrain neutre, l'autorité l'avertit, autorité obéie parce qu'elle est rare, et ne parle point pour elle, mais pour tous. La maison est fermée; pour saisir un citoyen dans sa maison, il ne faut pas moins qu'un *bill* du parlement, et la suspension de la liberté d'un individu est un coup d'État. En Angleterre on gouverne le moins possible.

En revanche, on ne se propose point de haut idéal, comme en France par exemple, la plus parfaite justice, le plus parfait état de la nature humaine; on se propose le plus facile usage de la vie présente, les commodités du voyage sur cette terre; et l'État ne fait qu'ouvrir le champ à l'activité individuelle.

Le gouvernement de l'Angleterre est anglais, ses révolutions sont anglaises, tandis que nos révolutions sont universelles, et que nous cherchons un gouvernement universel. Dans la distribution de la justice, nul besoin d'un code uniforme et rationnel comme notre code civil; l'oracle c'est l'usage, autorité diverse comme les volontés, mais consentie et douce, parce qu'elle est l'habitude même et la transaction amiable de ces volontés. Il nous faut une politique raisonnable, aux Anglais une politique confortable; et lors même que nous semblons nous accorder pour blâmer certaines choses, certaines institutions barbares, nous ne nous entendons pas. Ce qui blesse le Français c'est ce qui blesse la raison; ce qui blesse l'Anglais, c'est ce qui le gêne. Et ce qui ne le gêne point ne le blesse point. Ils mêlent sans scrupule le spirituel et le temporel, et permettent au gouvernement de commander dans la religion, sachant bien qu'ils commandent au gouvernement; ils ne détestent dans le pape que la domination étrangère ; la majorité anglicane maintient une religion d'État et opprime sans remords les catholiques, et exclut sans rougir les israélites du parlement ; ils bombardent en pleine paix Copenhague, on s'en souvient, au scandale de l'Europe ; dernièrement ils bloquaient Athènes par fantaisie, et faisaient la guerre à un malheureux peuple, pour le forcer d'acheter l'opium qui l'empoisonne. Assurés de l'avenir de la démocratie, ils s'allient partout avec la démocratie, et aspirent à être les tuteurs des peuples, pour gérer leur fortune. Ils portent la liberté dans le monde, mais ils en trafiquent ; nous, nous en sommes les chevaliers.

Donc, si je ne me trompe, l'Angleterre représente ici-bas la volonté, la France la raison ; en Angleterre c'est la liberté individuelle qui fait la part à l'autorité, en France l'autorité qui fait la part à la liberté individuelle ; enfin l'Angleterre est le pays de la pratique, la France de l'idéal. Je ne compare pas pour préférer, j'étudie ; et, content d'être né où je suis né, je sens ce qui manque à mon pays et désire qu'il l'acquière. L'autorité est une belle chose ; mais la liberté personnelle a son prix ; la justice est estimable par dessus tous les biens, mais le bonheur de ce monde est un bien pourtant.

Ces deux esprits contraires des nations se combattent en France même sous les noms de Montesquieu et de Rousseau. Rousseau est le maître des principes, mais aussi de la logique terrible qui marche droit à travers les hommes, sans rien voir que les principes, et, en les appliquant, les perd. A son aise parmi les idées profondes, grandes et honnêtes, maladroit à manier les hommes; créant une société de toutes pièces, où la liberté se place bien ou mal; préoccupé de la civilisation du genre humain plus que du bien-être des individus auxquels il donne des lois, il est bien de notre pays. Montesquieu nous fait souvent l'effet d'un étranger : il est le plus anglais des Français. Il a, par excellence, l'esprit politique. En fait de principes, il se contente plus aisément que Rousseau, il ne va ni si haut ni si profond, mais, une fois ces principes admis, il connaît ce qu'il leur faut pour vivre; il connaît le sol où il les plante, ce sol formé de nos idées et de nos passions infiniment diverses; quel air, quel régime, quel climat leur convient; ce n'est pas la logique de la raison, c'est la logique de la nature.

Il est de mode depuis quelque temps, je sais bien pourquoi, de sacrifier Rousseau à Montesquieu, et vraiment cela donnerait envie de sacrifier Montesquieu à Rousseau; mais oublions les querelles du jour, et soyons justes. Oui, on regrette de trouver dans le *Contrat social*, ce triste paradoxe que (1) dans la puissance législative, le peuple ne peut être représenté, qu'aussitôt les représentants élus, il est esclave, il n'est rien; que toute loi que le peuple en personne n'a pas ratifiée est nulle. Pour mon compte je serai peut-être converti un jour aux beautés du gouver-

(1) Contrat social, liv. III, ch. 15.

nement direct; mais j'ai besoin d'être converti. L'*Esprit des lois* ne contient pas, Dieu merci, ce paradoxe; mais aussi, sans être affamé de moralité et insatiable de philosophie, y trouve-t-on assez de philosophie et de moralité? Le *Contrat social* est l'âme de la politique, l'*Esprit des lois* en est le corps; et on a beau faire, pour vivre ici-bas, il faut ces deux choses. Au lieu donc d'opposer éternellement ces livres, pour humilier l'un par l'autre, unissons-les, et par une lecture assidue, tâchons de former, de fortifier en nous à la fois l'esprit philosophique et l'esprit politique, pour le bonheur de notre commune patrie.

Bon nombre de gens assurent qu'elle est ingouvernable; j'attends, pour le croire, que ceux qui le disent renoncent à la gouverner. Ils se récrient sur son inconstance, et prennent à témoin les révolutions multipliées qu'elle a faites en peu de temps. Cela mérite examen.

On n'insulte point ici les gouvernements tombés, et la nation qui les a supportés; on reconnaît volontiers les services qu'ils ont rendus; on se souvient que la première République a défendu le sol contre l'étranger, et qu'elle a enfanté de grandes conceptions; que l'Empire a couvert la France de gloire au dehors, et au dedans l'a organisée; que la Restauration a sagement administré nos finances, et que, la veille de sa chute, elle conquérait Alger; que le gouvernement de juillet a développé la prospérité matérielle du pays et l'instruction populaire, et que la famille du roi était la première famille française par ses vertus et ses qualités. Mais enfin, si le bien est le bien, le mal est le mal. Voyez donc, je vous prie, combien la France est inconstante! quand elle est mal elle se remue, jusqu'à ce qu'elle soit bien. Elle était au mieux sans doute sous l'ancien régime, et, quand elle voyait d'énormes abus et un énorme parti des abus, elle rêvait. Elle était au mieux sous la première République, avec ses législateurs hérissés, déclamateurs et féroces, gouvernement à contre sens, transplanté de Sparte à Paris; elle était au mieux sous l'Empire, lorsque le maître, pour l'indemniser de la liberté, dévorait dans des guerres insensées son argent et ses hommes; elle était au mieux sous la Restauration, qui, pour guérir la profonde blessure d'un peuple humilié par l'invasion, ne trouvait rien de mieux que le gouvernement par ordonnances; elle était au mieux enfin sous la monarchie de juillet, cette fière nation qui, après avoir fait une révolution, et ce qui était mieux, après l'avoir gardée pure et promptement fermée, au lieu de recevoir son salaire en droits politiques, se voyait remercier, exiler sans espérance; cette nation honnête à qui on donnait d'en haut de si étranges leçons, et de si étranges exemples. Quelle insolence, quand on s'appelle la France, de mettre d'un côté la nation, de l'autre un homme ou quelques-uns, et de décider pour la nation!

La France a son génie qu'il faut connaître et suivre quand on prétend la gouverner.

Elle est passionnée pour la raison : dans la philosophie, ennemie des préjugés; dans la pratique, ennemie des abus, et irréconciliable. Plus raisonnable que politique, elle n'entend point les habiles accommodements, les savantes fictions où les Anglais, par exemple, se complaisent : elle a ses défauts, mais elle n'a point une religion dominante, un roi pontife, une noblesse privilégiée : elle ne distingue les citoyens que par le mérite personnel, et ne lui interdit aucune ambition.

Elle est vraie; elle ne peut souffrir le mensonge et vivre dans le faux.

Elle est honnête : nul bien ne lui tient lieu de conscience; elle consent à souffrir, elle ne consent point à se dégrader; et ne s'est jamais vendue à aucun pouvoir, pour du loisir, pour de l'argent, pour de la gloire: ingouvernable contre son instinct.

Elle est généreuse : en quelque lieu qu'il y ait une injustice, un malheur immérité, elle se sent blessée, et, du premier mouvement, traverserait les terres et les mers pour porter secours.

Elle est vive : chez elle il n'y a qu'un pas de la pensée à l'action : une chose lui paraît-elle bonne, elle ne voit pas pourquoi cette chose ne serait pas, et sur-le-champ, sans temps perdu.

Elle est imprévoyante : est-elle mal quelque part, elle commence par fuir, et après, se demande où elle va. A ce moment on l'a plus d'une fois abusée, mais elle se formera.

Elle est non point mobile, mais mouvante, désireuse de vivre. Ses chefs s'arrêtent-ils pour dormir, elle marche, et, au réveil, ils se trouvent seuls.

Et moi je l'aime cette nation, je l'aime raillée pour

avoir cru à la justice, blessée pour s'être débattue contre le mal, insultée par ses ennemis, reniée par une portion de ses enfants, qui n'ont pas su comprendre son grand cœur ; et si je suis ridicule, que m'importe ? Je consens à être ridicule.

Montesquieu girondin.

Montesquieu est dans la grande tradition des modérés. Au seizième siècle les modérés se nomment *politiques*, et Montaigne est un *politique*. Entre les partis en armes, ils tiennent pour la tolérance, ils forment le tiers-parti. Au dix-huitième siècle, sous Louis XV, sous le régime arbitraire, les modérés désirent le gouvernement représentatif anglais, qui, applicable ou non à tel pays, en tel moment, est toujours par excellence le gouvernement tempéré. Montesquieu a été mieux qu'un membre ou un organe de ce parti : il en a été le chef. A la Convention, la modération s'appelle la Gironde, et le nom lui est resté. La modération est un fruit naturel de la Gironde. Si elle s'était rencontrée une fois ou même deux fois dans cette contrée, on pourrait y voir un accident ; mais c'est un fait persistant, plus qu'un hasard. Si deux compatriotes, Montaigne et Montesquieu, à deux siècles de distance, s'étaient montrés semblables, ce serait deux hommes qui se ressembleraient et au plus la matière d'un rapprochement curieux ; mais c'est la contrée tout entière, qui, à une époque critique, se déclare, avec éclat, pour la modération. Cela devient sérieux et demande explication.

Les hommes ne sont pas comme les arbres, les productions d'un pays : car les arbres ne sont pas libres : ils ne se ploient pas, ne se redressent pas, ne s'émondent pas, ne se cultivent pas eux-mêmes, mais qui doute que cette nature des arbres et des hommes, sur laquelle la culture agit, ne tienne beaucoup du climat où ils naissent ? Qui oserait soutenir que notre tempérament physique, la disposition générale de notre esprit, de nos sentiments, notre caractère, notre humeur, ne tiennent en rien au ciel, à l'air, à la température, au régime, aux spectacles ! que ce monde des éléments et des choses extérieures où nous sommes plongés, que ce petit monde de notre corps, source de plaisirs, de douleurs, d'impressions incessantes pour l'âme, que tout cela, dis-je, est indifférent, ne contribue absolument pas à nous faire ce que nous sommes, n'entre pour aucune part dans ce tempérament de l'esprit, dans la constitution de ce sol moral sur lequel la libre volonté travaille ?

Or, qui a vu la Gironde comprend mieux Montaigne, Montesquieu et les Girondins de la Révolution. Elle n'est pas, on le sait, le nord de la France, mais on sait moins qu'elle n'en est pas davantage le midi. C'est une région vraiment tempérée : ni froids rigoureux, ni séries de chaleurs accablantes, point surtout des vents irritants d'Avignon ou de Marseille ; pas de montagnes : des coteaux, terrain accidenté, non tourmenté ; un beau fleuve mouvant et calme ; un sol composé de diverses natures de sol, la grasse terre et le sable des landes ; des productions étrangères associées : la vigne, le blé et les pins ; un travail moins de peine que d'intelligence.

Les hommes sont selon le pays. Ils n'ont de fanatisme d'aucune sorte : on n'est pas bordelais à Bordeaux comme on est toulousain à Toulouse ou marseillais à Marseille ; on n'y est point Français comme à la frontière, point dévôt comme dans l'ouest, point absorbé dans la réflexion, comme dans le nord, point emporté par les passions, comme dans le midi. Ils aiment en tout quelque chose de plus tempéré : dans l'intelligence l'esprit, dans la vie l'élégance ; mais aussi ils sont très-sensibles à cela. Il y a peu de monuments dans Bordeaux, mais on ne peut s'y promener sans y respirer l'élégance : l'ordonnance de la ville, les constructions privées, le type humain, la mise, donnent une même impression. Et, dans toutes les classes, sensiblement dans celles qui ont reçu moins d'instruction, c'est une façon piquante et railleuse de dire toutes choses, qui réjouit. Le mensonge gascon n'est pas l'illusion d'une imagination méridionale qui s'exagère les objets, c'est un jeu d'esprit. Il serait dur, on le sent, de demander à ces aimables gens des convictions intraitables et des jugements moraux inflexibles. Qui a plus d'esprit que Montaigne ? Montesquieu en a trop ; et tous les deux surent très-bien trouver dans la sagesse un coin plaisant pour y arranger leur vie. Ils sont coulants en morale ; quant à leurs convictions, c'est un problème : on cherche les croyances de Montesquieu et de Montaigne, et, quand on les a trouvées, on n'est jamais sûr de ne s'être pas trompé. Que sont les Girondins ? Des gens d'esprit et de tenue. Séduits par le mouvement d'idées de la Révolution, mais dégoûtés par le cynisme de ses défenseurs exaltés, ils s'asseoient entre les partis extrêmes, qui s'injurient et les injurient, haïs des royalistes, qui regardent ces républicains intelligents comme des transfuges, haïs des montagnards, pour qui l'esprit et la décence sont de l'aristocratie. Ils moururent élégamment.

Ces grands modérés, Montaigne et Montesquieu, se connaissent bien eux-mêmes. Ecoutez Montaigne :

« Si je fusse (1) nay d'une complexion plus desreglée, je crains qu'il fut allé piteusement de mon faict : car je n'ay essayé guere de fermeté en mon ame, pour soustenir des passions si elles eussent esté tant soit peu vehementes. »

Et à la suite, il raconte de la modération de son tempérament, des merveilles qu'il est impossible de transcrire.

Et voici Montesquieu :

« Ma machine (2) est si heureusement construite, que je suis frappé de tous les objets assez vivement pour qu'ils puissent me donner du plaisir, pas assez pour qu'ils puissent me donner de la peine. » Et ceci : « Je m'éveille le matin avec une joie secrète de voir la lumière ; je vois la lumière avec une espèce de ravissement, et tout le reste du jour, je suis content. » — « Je suis amoureux de l'amitié. » — Je

(1) Essais, liv. II, ch. 11.
(2) Pensées diverses.

suis un bon citoyen; mais dans quelque pays que je fusse né, je l'aurois été tout de même. Je suis un bon citoyen, parce que j'ai toujours été content de l'état où je suis... et je rends grâces au Ciel de ce qu'ayant mis en moi de la médiocrité en tout, il a bien voulu mettre un peu de modération dans mon âme. »

C'est bien le même qui, proposant une forme de gouvernement, a dit : « Je crois (1) que les hommes s'accommodent presque toujours mieux des milieux que des extrémités. »

Il allait donc de lui-même au gouvernement tempéré; mais cette disposition était fortifiée encore par le monde où il vivait. Premier président de Parlement, il vivait à Bordeaux, dans une ville de haut commerce. Or, soucieux de la liberté individuelle, facile sur les principes, il avait la couleur d'un lieu où le grand objet est la fortune, l'instrument: le génie et la volonté de la personne. Sa politique est anglaise; mais le haut commerce, de son côté, ennemi du despotisme, qui menace tous les intérêts, suspectant la République, où les questions politiques dominent aisément les questions d'affaires, plus touché de la sécurité que du reste, le haut commerce, dis-je, quelque part qu'il soit, est un peu anglais.

Certainement aussi il a rencontré autour de lui un monde trop prévenu en faveur de l'esprit, et qui ne l'a pas averti assez. Marmontel (2) dans ses *Mémoires*, nous le représente, dans un salon, guettant l'occasion

(1) Esprit des Lois, liv. XI, ch. 6.
(2) Mémoires, liv. I.

de placer un mot, attendant que la balle vînt à lui. N'est-ce pas l'homme des *Lettres persanes*, et, bien des fois de *l'Esprit des lois* ? Combien de chapitres, combien d'alinéas finissent en pointe ! Or ces feux follets qui charment dans les *Lettres persanes*, contrastent dans un aussi grand monument que l'*Esprit des lois*, et, Dieu merci, disparaissent dans l'admirable *Défense* et dans la *Grandeur et décadence des Romains*. Pour être vif et fin, sans être coupé et épigrammatique, il était besoin qu'il prît sur lui, et il cède trop souvent à sa pente dans le livre que nous venons d'étudier. Aussi madame du Deffand, bon juge pourtant, s'y laissa tromper, et Voltaire après elle : elle dit de l'*Esprit des lois* que c'était de l'esprit sur les lois; mais l'illusion était naturelle, et il faut qu'il y ait bien du génie dans ce livre pour faire oublier tant d'esprit.

III.

Conclusion. J'ai dit mes convictions : j'ai foi à l'avenir de la démocratie dans le monde et de la république en France, et je tâche d'y aider; mais le fond de mon âme, dans ces temps de colère, c'est la passion de la douceur : je hais la haine. Je vois avec douleur des fureurs contraires prêtes à déchirer mon malheureux pays, et tout à craindre, quel que soit le vainqueur. De grâce, soyons doux les uns et les autres, et laissons faire à la vérité. Elle est le meilleur des alliés, un allié puissant qui ne trahit pas ; elle travaille pour nous mieux que nous : elle pénètre partout, partout aimable comme le jour; elle est l'avocat le plus habile, le politique le plus prudent, elle désarme ses adversaires, elle fait mieux: elle les séduit et les tourne en défenseurs de sa cause; elle dompte les esprits farouches, elle prie les esprits candides, elle a toutes sortes d'accents. Pourquoi craindre pour elle? Depuis qu'il y a des hommes, qu'on me montre une vérité qui ait péri. Galilée a été persécuté pour avoir admis le mouvement de la terre, et à cette heure, dans les pays civilisés, on trouverait difficilement un homme qui crût la terre immobile. La liberté de conscience, ce premier droit, a été partout opprimée et triomphe partout. Le dogme de la souveraineté nationale a été assez combattu par les puissances; voyez quel chemin il a fait et quel chemin il fait encore. De ce pas, où n'ira-t-il point? Rien ne peut empêcher la vérité de naître, et, quand elle est née, rien ne peut l'empêcher de vivre et de grandir; elle est, comme la lumière, envahissante: elle marchera, jusqu'à ce qu'elle ait embrassé le monde. Il ne convient donc pas à ceux qui la professent de s'agiter en désordre, comme s'ils tremblaient pour elle. Certainement, son jour viendra: nous ne pouvons rien, par tous nos efforts, que l'avancer ou le retarder un peu; et certainement nous ne l'avancerons pas par la violence, qui blesse les cœurs et effarouche les esprits. La violence est une injure à la nature: on s'irrite de ce qu'elle résiste et on veut la contraindre; mais elle ne se laisse pas forcer: comme on s'opiniâtre, aussi elle s'opiniâtre, et vous fatigue à la fin. Au contraire, la vérité est douce:

elle sait que la nature conspire pour elle ; la vérité est patiente : elle sait que les hommes lui appartiennent, elle les invite et les attend.

Je n'ai pas peur de ceux qui prétendent nous ramener au passé, et je laisse « les morts enterrer leurs morts. » S'ils se rendent, eux et leur doctrine, haïssables, c'est leur affaire. Je crois à l'avenir, à la puissance de la raison, qui amènera chaque réforme équitable à son heure ; mais je respecte la nature et ne veux pas supprimer le temps. Si c'est là être révolutionnaire, je suis donc révolutionnaire. Mais il y a par le monde une race terrible : artistes en révolutions, qui aiment le changement, et, selon la maxime : l'art pour l'art, bouleverseraient l'humanité pour se donner un spectacle nouveau. Ces personnages ne sont pas pour les temps calmes où il est besoin de sagesse : à de tels oiseaux il faut la tempête ; le chaos est leur élément. Ils ne se sentent vivre que dans la fièvre, la santé leur paraît fade ; ce sont les convulsionnaires de la politique. Il n'y a personne comme eux pour outrer la justice et la rendre injuste, tirer les conséquences détestables d'un bon principe, faire une erreur d'une vérité. Ils ont été mis dans le monde pour discréditer la raison et dégoûter du bien. Ils soulèvent de grandes haines dans le camp ennemi ; mais on ne saura jamais quelle amertume ces révolutionnistes amassent dans le cœur du révolutionnaire, qui, jeté quelquefois, par le hasard des combats, sous le même drapeau, rougit de porter leur nom, et se trouve tenté d'abandonner son parti pour n'être pas du leur.

Je ne suis pas, grâce à Dieu, un fanatique ; ou, s'il y a deux espèces de fanatiques : ceux qui, possédés d'une conviction, y sacrifient leur liberté, leur bonheur et leur vie, et ceux qui y sacrifient la liberté, le bonheur et la vie des autres, j'ai horreur de la seconde espèce, et ose croire qu'à l'occasion je serais de la première. Je n'aime pas les partis, ils sont tyranniques ; je n'aime pas les coteries, on y étouffe : elles vous mesurent l'air et la lumière, elles sont sans conscience et sans cœur. Mais j'aime la vérité. Ceux qui me connaissent savent tout cela ; ils ne savent pas combien de fois, après avoir, dans le secret, argumenté contre quelque doctrine ennemie, l'avoir pressée de toute ma vigueur, et couvert le papier de lignes passionnées, venant ensuite à mettre sous ces doctrines les noms d'hommes pour qui elles étaient sacrées, et songeant que les traits dirigés contre les idées allaient frapper des personnes respectées ou chéries, j'ai corrigé les pages qui m'avaient plu, pour affaiblir la force et éteindre la flamme. Vainement ! Chaque livre qu'on écrit dans sa sincérité vous ôte un ami, et il n'ôte pas de l'âme le besoin d'aimer. Il faudrait aller droit devant soi, sans regarder autour de soi, percer résolument tout ce qui se présente, sans remords, sans retour. Bienheureux les purs esprits !

Novembre 1851.

APPENDICE.

(*Sur la raison.*) « Il n'est pas (1) indifférent que le peuple soit éclairé. Les préjugés des magistrats ont commencé par être les préjugés de la nation. — Je me croirois le plus heureux des mortels, si je pouvois faire que les hommes pussent se guérir de leurs préjugés. »

« Dire (2) qu'il n'y a rien de juste ni d'injuste que ce qu'ordonnent ou défendent les lois positives, c'est dire qu'avant qu'on eût tracé de cercle, tous les rayons n'étoient pas égaux. Il faut donc avouer des rapports d'équité antérieurs à la loi positive qui les établit. — Avant toutes (3) ces lois sont celles de la nature, ainsi nommées parce qu'elles dérivent uniquement de la constitution de notre être. »

(*Sur le despotisme.*) « Un homme (4) à qui ses cinq sens disent sans cesse qu'il est tout, et que les autres ne sont rien, est naturellement paresseux, ignorant, voluptueux. — Dans le gouvernement despotique le pouvoir (5) immense du prince passe tout entier à ceux à qui il le confie. Des gens capables de s'estimer beaucoup eux-mêmes seroient en état d'y faire des révolutions. Il faut donc que la crainte y abatte tous les courages. L'homme (6) est une créa-

(1) Esprit des Lois, *Préface*. — (2) *Ibid.*, liv. I, ch. 1. — (3) *Ibid.*, liv. I, ch. 2. — (4) *Ibid.*, liv. II, ch. 5. — (5) *Ibid.*, liv. III, ch. 9. — (6) *Ibid.*, liv. III, ch. 10.

ture qui obéit à une créature qui veut. Le partage des hommes, comme des bêtes, y est l'instinct, l'obéissance, le châtiment. Il ne sert de rien d'opposer les sentiments naturels, le respect pour un père, la tendresse pour ses enfants et ses femmes, les lois de l'honneur, l'état de sa santé : on a reçu l'ordre, et cela suffit. — L'éducation (1) ne cherche qu'à abaisser le cœur dans les États despotiques. Il faut qu'elle y soit servile. L'extrême obéissance suppose de l'ignorance dans celui qui obéit. L'éducation se réduit à mettre la crainte dans le cœur, et à donner à l'esprit la connoissance de quelques principes de religion fort simples. Le savoir y sera dangereux, l'émulation funeste. — A des peuples (2) timides, ignorants, abattus, il ne faut pas beaucoup de lois. Tout y doit rouler sur deux ou trois idées : il n'en faut donc pas de nouvelles. Quand vous instruisez une bête, vous vous donnez bien de garde de lui faire changer de maître, de leçons et d'allure; vous frappez son cerveau par deux ou trois mouvements, et pas davantage. — Les hommes (3) sont tous égaux dans le gouvernement républicain ; ils sont égaux dans le gouvernement despotique : dans le premier, c'est parce qu'ils sont tout; dans le second, c'est parce qu'ils ne sont rien. — Quand (4) les sauvages de la Louisiane veulent avoir du fruit, ils coupent l'arbre au pied, et cueillent le fruit. Voilà le gouvernement despotique. »

(*Sur le sacrilége.*) « Dans les choses (5) qui troublent la tranquillité ou la sûreté de l'État, les actions cachées sont du ressort de la justice humaine; mais dans celles qui blessent la divinité, là où il n'y a point d'action publique, il n'y a point de matière de crime : tout s'y passe entre

(1) Esprit des Lois, liv. IV, ch. 3. — (2) *Ibid.*, liv. V, ch. 14. — (3) *Ibid.*, liv. VI, ch. 2. — (4) *Ibid.*, liv. V, ch. 13. — *Ibid.*, liv. XII, ch. 4, etc.

l'homme et Dieu, qui sait la mesure et le temps de ses vengeances. Que si, confondant les choses, le magistrat recherche aussi le sacrilége caché, il porte une inquisition sur un genre d'action où elle n'est point nécessaire : il détruit la liberté des citoyens, en armant contre eux le zèle des consciences timides et celui des consciences hardies. Le mal est venu de cette idée qu'il faut venger la divinité. Mais il faut faire honorer la divinité, et ne la venger jamais. »

(*Sur l'inquisition.*) « Le caractère (1) de la vérité, c'est son triomphe sur les cœurs et les esprits, et non pas cette impuissance que vous avouez lorsque vous voulez la faire recevoir par des supplices. Vous vivez dans un siècle où la lumière naturelle est plus vive qu'elle n'a jamais été, où la philosophie a éclairé les esprits, où la morale de votre Évangile a été plus connue, où les droits respectifs des hommes les uns sur les autres, l'empire qu'une conscience a sur une autre conscience, sont mieux établis. — Il faut que nous vous avertissions d'une chose ; c'est que si quelqu'un dans la postérité ose jamais dire que dans ce siècle où nous vivons, les peuples d'Europe étoient policés, on vous citera pour prouver qu'ils étoient barbares ; et l'idée que l'on aura de vous sera telle qu'elle flétrira votre siècle, et portera la haine sur tous vos contemporains. »

(*Sur la liberté.*) « Maxime très-importante : il faut (2) être très circonspect dans la poursuite de la magie et de l'hérésie. »

« Les lois ne se chargent de punir que les actions extérieures. — Les paroles ne forment point un corps de délit ; elles ne restent que dans l'idée. La plupart du temps, elles

(1) Esprit des Lois, liv. XXV, ch. 13. *Très-humbles remontrances aux inquisiteurs d'Espagne et de Portugal* — (2) *Ibid.*, liv. XII.

ne signifient point par elles-mêmes, mais par le ton dont on les dit. Souvent, en redisant les mêmes paroles, on ne rend pas le même sens : ce sens dépend de la liaison qu'elles ont avec d'autres choses. Quelquefois le silence exprime plus que tous les discours. Il n'y a rien de si équivoque que tout cela Comment donc en faire un crime de lèse-majesté? Partout où cette loi est établie, non-seulement la liberté n'est plus, mais son ombre même. — La chose du monde la plus inutile au prince a souvent affaibli la liberté dans les monarchies : les commissaires nommés quelquefois pour juger un particulier. — Quand un homme est fidèle aux lois, il a satisfait à ce qu'il doit au prince. Il faut au moins qu'il ait sa maison pour asile, et le reste de sa conduite en sûreté. L'espionnage seroit peut-être tolérable s'il pouvoit être exercé par d'honnêtes gens ; mais l'infamie nécessaire de la personne peut faire juger de l'infamie de la chose. Un prince doit agir avec ses sujets avec candeur, avec franchise, avec confiance. Celui qui a tant d'inquiétudes, de soupçons et de craintes est un acteur qui est embarrassé à jouer son rôle. — Tout ce que je dis est puisé dans la nature, et est très favorable à la liberté du citoyen. »

(*Sur l'esclavage.*) « Comme tous les hommes (1) naissent égaux, il faut dire que l'esclavage est contre la nature. »

« L'esclavage n'est pas bon par sa nature ; il n'est utile ni au maître, ni à l'esclave : à celui-ci, parce qu'il ne peut rien faire par vertu, à celui-là, parce qu'il contracte avec ses esclaves toutes sortes de mauvaises habitudes, qu'il s'accoutume insensiblement à manquer à toutes les vertus morales, qu'il devient fier, prompt, dur, colère, voluptueux, cruel. — Il n'est pas vrai qu'un homme libre puisse se vendre. La vente suppose un prix ; l'esclave se vendant, tous

(1) Esprit des Lois, liv. XV, ch. 8, 1, 2, etc.

ses biens entreroient dans la propriété du maître : le maître ne donneroit donc rien, et l'esclave ne recevroit rien. S'il n'est pas permis de se tuer, parce qu'on se dérobe à la patrie, il n'est pas plus permis de se vendre. La liberté de chaque citoyen est une partie de la liberté publique. Cette qualité dans l'État populaire, est même une partie de la souveraineté. Vendre sa qualité de citoyen est un acte d'une telle extravagance qu'on ne peut pas la supposer d'un homme. »

« Si j'avois à soutenir le droit que nous avons eu de rendre les nègres esclaves, voici ce que je dirois. »

« Les peuples d'Europe ayant exterminé ceux de l'Amérique, ils ont dû mettre en esclavage ceux de l'Afrique, pour s'en servir à défricher tant de terres.

» Le sucre seroit trop cher, si l'on ne faisoit travailler la plante qui le produit par des esclaves.

» Ceux dont il s'agit sont noirs depuis les pieds jusqu'à la tête; et ils ont le nez si écrasé qu'ils est presque impossible de les plaindre. »

« On ne peut se mettre dans l'esprit que Dieu, qui est un être très sage, ait mis une âme, sur-tout une âme bonne, dans un corps tout noir. »

« Une preuve que les nègres n'ont pas le sens commun, c'est qu'ils font plus de cas d'un collier de verre que de l'or, qui, chez des nations policées, est d'une si grande conséquence.

» Il est impossible que nous supposions que ces gens-là soient des hommes, parce que, si nous les supposions des hommes, on commenceroit à croire que nous ne sommes pas nous-mêmes chrétiens. »

« Le cri pour l'esclavage est donc le cri du luxe et de la volupté, et non pas celui de la félicité publique. »

« Rien ne met plus près de la condition des bêtes, que de voir toujours des hommes libres, et de ne l'être pas. »

(*Sur le droit de la guerre.*) « Le droit (1) de la guerre dérive de la nécessité et du juste rigide. — On n'a droit de réduire en servitude que lorsqu'elle est nécessaire pour la conservation de la conquête. Dans ce cas, il est contre la nature de la chose que cette servitude soit éternelle. Il faut que le peuple esclave puisse devenir sujet. L'esclavage dans la conquête est une chose d'accident. Ainsi le conquérant qui réduit le peuple en servitude doit toujours se réserver les moyens (et ces moyens sont sans nombre) pour l'en faire sortir. —Quel bien les Espagnols ne pouvoient-ils pas faire aux Mexicains! Ils avoient à leur donner une religion douce : ils leur apportèrent une superstition furieuse. Ils auroient pu rendre libres les esclaves, et ils rendirent esclaves les hommes libres. Ils pouvoient les éclairer sur l'abus des sacrifices humains; au lieu de cela, ils les exterminèrent. Je n'aurois jamais fini si je voulois raconter tous les biens qu'ils ne firent pas et tous les maux qu'ils firent. C'est à un conquérant à réparer une partie des maux qu'il a faits. Je définis ainsi le droit de conquête : un droit nécessaire, légitime et malheureux, qui laisse toujours à payer une dette immense pour s'acquitter envers la nature humaine. »

(*Sur la torture.*) « Lorsque (1) nous lisons dans les histoires les exemples de la justice atroce des sultans, nous sentons avec une espèce de douleur les maux de la nature humaine. — Suivons la nature, qui a donné aux hommes la honte comme leur fléau; et que la plus grande partie de la peine soit l'infamie de la souffrir. —

(1) Esprit des Lois, liv. X, ch. 2, etc. — (2) *Ibid.*, liv. VI, ch. 13.

Tant d'habiles gens et tant de beaux génies ont écrit contre cette pratique (la torture), que je n'ose parler après eux. J'allois dire qu'elle pouvoit convenir dans les gouvernements despotiques, où tout ce qui inspire la crainte entre plus dans les ressorts du gouvernement; j'allois dire que les esclaves, chez les Grecs et les Romains... Mais j'entends la voix de la nature qui crie contre moi. »

FIN.

TABLE DES MATIÈRES.

I. PRINCIPES.

II. CRITIQUE.

www.ingramcontent.com/pod-product-compliance
Ingram Content Group UK Ltd.
Pitfield, Milton Keynes, MK11 3LW, UK
UKHW031053260726
13965UKWH00006B/1368